ABC FLEURUS

Activité Bricolage Création

LE LIVRE DES 6-10 ANS

FRANCE LOISIRS
123, bld de Grenelle, Paris

Sommaire

PETITS CADEAUX

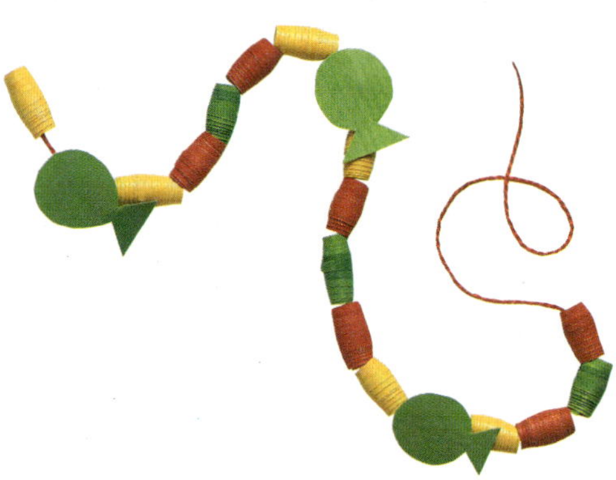

DÉCORER LA MAISON

Décorer la maison

JEUX ET JOUETS

Pour jouer tout seul

Pour jouer à plusieurs

L'ANNÉE EN FÊTE

Fête des pères et des mères

Pour le Carnaval

AU FIL DES SAISONS

Introduction

Ce livre propose aux enfants, de 6 à 10 ans, 350 idées de bricolage à réaliser facilement en famille, à l'école ou en centre aéré.

Il est divisé en 5 chapitres : petits cadeaux, décorer la maison, jeux et jouets, l'année en fête, au fil des saisons. Chaque chapitre est identifiable par une couleur reprise sur chaque page.

Les modèles proposés sont réalisés avec des matériaux variés : carton, feutrine, papier, pinces à linge, mousse, etc., et ne demandent pas un budget élevé. Sur chaque page, le matériel utilisé est présenté dans un encadré de la couleur du chapitre, dans un caractère très lisible : ainsi, il se détache bien et il est facilement repérable.

Certaines activités nécessitent l'utilisation d'un cutter ou d'un compas. Dans ce cas, l'intervention de l'adulte est requise. Pour plus de facilité, s'installer confortablement en protégeant le plan de travail avec du papier journal ou une toile cirée. Pour les activités de peinture, il est conseillé de porter de vieux vêtements ou un tablier.

Les repères

Sur chaque page, le niveau de difficulté, la durée et le coût de l'activité sont représentés par un, deux ou trois pictogrammes. Les niveaux de difficulté et de durée sont donnés à titre indicatif et dépendent de la maturité et de la dextérité de l'enfant.

MOINS D'1/2 HEURE

1/2 HEURE À 1 HEURE

PLUS D'1 HEURE

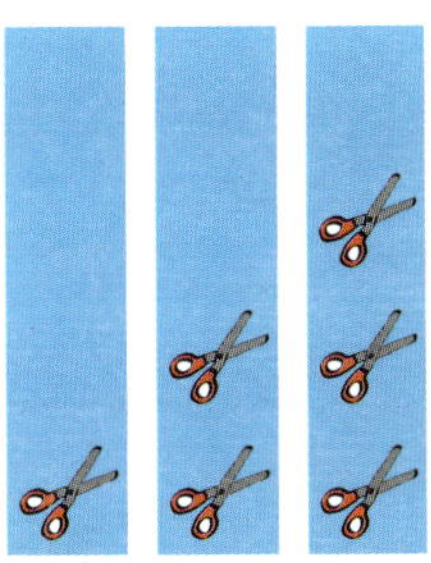

TRÈS FACILE

FACILE

ÇA SE COMPLIQUE

PAS CHER DU TOUT

PAS CHER

UN PEU PLUS CHER

Autre matériel

Le matériel des réalisations proposées dans ce livre est facile à se procurer. Il se trouve aisément dans les magasins de loisirs créatifs, les papeteries ou les grandes surfaces.

Les colles

La plupart des bricolages sont réalisés avec de la colle d'écolier. Pour la mousse, utiliser de la colle sans solvant. Pour certains matériaux (coquillages, bois...), se procurer de la colle adaptée au support.

La « récup »

Plusieurs réalisations de ce livre proposent d'utiliser des matériaux de récupération. Penser à mettre de côté du carton, du papier d'emballage, des cagettes ou des rouleaux d'essuie-tout pour créer des bricolages à moindre coût.

Les peintures

La gouache, facilement lavable, est particulièrement adaptée aux enfants. Cependant, sur le bois, la terre cuite ou les supports lisses, l'acrylique ou la peinture tous supports sont plus faciles à appliquer et donnent de meilleurs résultats.

Les fixations

Fixer une attache en toile gommée au dos des tableaux pour les suspendre. Pour les poser, réaliser une languette de carton de la hauteur du modèle, la replier à 2 cm et la coller au dos du tableau.

Comment vider un œuf

1 S'installer au-dessus d'un bol ou d'un saladier. Avec une épingle ou une aiguille, percer un petit trou de chaque côté de l'œuf en procédant très délicatement.

2 Enfoncer une aiguille à tricoter très fine dans les trous en remuant l'intérieur de l'œuf. Manipuler l'œuf avec beaucoup de délicatesse pour ne pas briser la coquille.

3 Enlever doucement l'aiguille. Souffler très fort dans l'un des trous pour faire sortir le blanc et le jaune. Les conserver au frais et les utiliser rapidement pour cuisiner.

Comment reporter un patron

1 Poser une feuille de papier calque ou de papier très fin sur le modèle à reproduire. Au besoin, le fixer avec du scotch papier ou repositionnable. Tracer le contour par transparence au crayon ou au feutre fin.

2 Découper le patron aux ciseaux en procédant très délicatement pour les détails. Si certaines parties doivent être évidées, utiliser des ciseaux ou au besoin, demander à un adulte de les découper au cutter.

3 Poser le patron en calque ou en papier fin sur le support choisi (carton, feutrine, papier de couleur, etc.). Dessiner le contour avec un crayon à papier ou un feutre fin et découper aux ciseaux ou au cutter selon le tracé.

Demi-patron

Certains modèles présentent des demi-patrons : le milieu est représenté en pointillés.

1 Plier une feuille de papier calque ou de papier très fin en deux. La poser sur le modèle à décalquer en superposant la pliure et les pointillés du patron. Tracer le contour du modèle par transparence au crayon à papier ou au feutre fin noir.

2 Découper les 2 épaisseurs de calque ou de papier en même temps. Déplier. Poser le patron sur le support choisi et tracer ses contours.

Les patrons sont donnés à taille réelle. Ils sont regroupés en fin d'ouvrage pages 236 à 255 et facilement repérables sur un fond jaune clair.

Si l'activité nécessite un patron, son utilisation et la page où il apparaît sont clairement mentionnées en fin de liste de matériel.

On peut agrandir ou réduire les patrons à la photocopieuse si on souhaite adapter les modèles.

Recette de la pâte à sel

Les ingrédients

S'installer sur une surface propre et bien sèche, et au besoin la recouvrir de papier sulfurisé.
Pour fabriquer de la pâte à sel, préparer :
- 2 verres de farine,
- 1 verre de sel fin,
- 1 verre d'eau.

La pâte

Dans un saladier, verser la farine et le sel. Ajouter l'eau petit à petit en remuant pour obtenir la consistance d'une pâte à tarte ferme et souple.

Les formes

Boule : bien rouler la pâte entre les mains. **Fond :** étaler la boule au rouleau. **Boudin :** rouler sur la table avec les mains.

Assembler et décorer les formes

L'eau sert de colle. L'appliquer avec un pinceau sur les parties à assembler.

Pour donner du relief au modelage, piquer la pâte à l'aide d'une fourchette, découper et marquer les formes avec un couteau.

Cuire la pâte

Poser le modèle sur la plaque du four recouverte d'aluminium. Cuire à four doux de 30 min à 2 h suivant la taille du modèle.

Colorer

Peindre à la gouache pas trop diluée avec un pinceau large pour le fond et un pinceau fin pour les détails.

Recette du papier mâché

Le matériel

Pour commencer, déchirer des bandes ou des morceaux de journal. Ne pas utiliser de magazine.

L'encollage

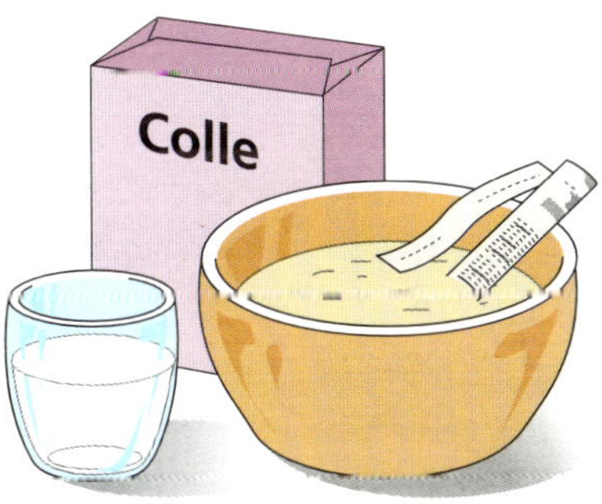

Préparer la colle à papier peint selon la notice ou mélanger 2 vol. de colle à bois et 1 vol. d'eau.

La vaseline

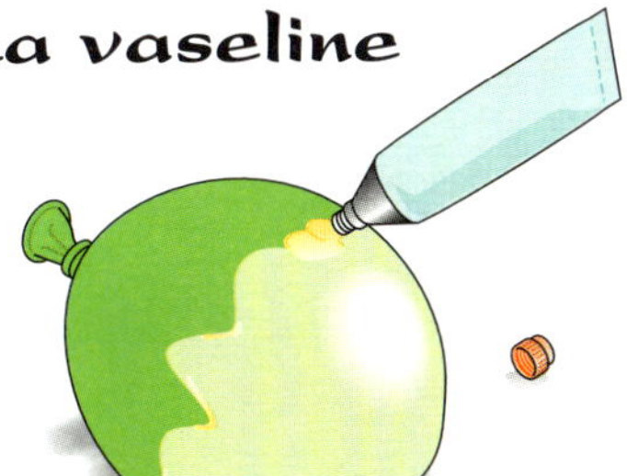

Pour fabriquer un moule enduire un ballon ou une coupelle de vaseline avant de le recouvrir de papier mâché. Ainsi, le démoulage s'effectue sans difficulté !

Recouvrir une forme

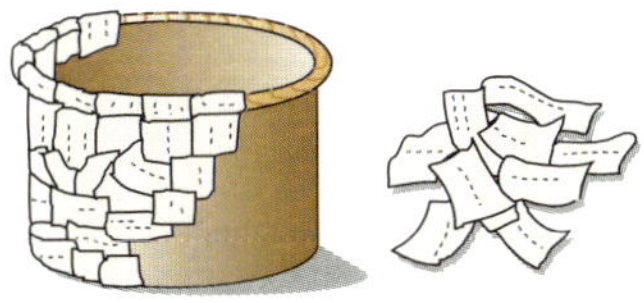

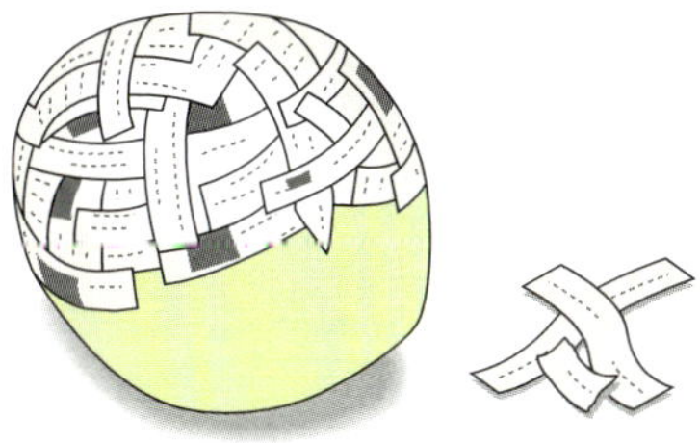

Tremper des bandelettes ou des petits morceaux de papier journal dans la colle à papier mâché. Les appliquer sur le support choisi en les faisant se chevaucher. Appliquer 3 couches. Laisser sécher.

La sous-couche

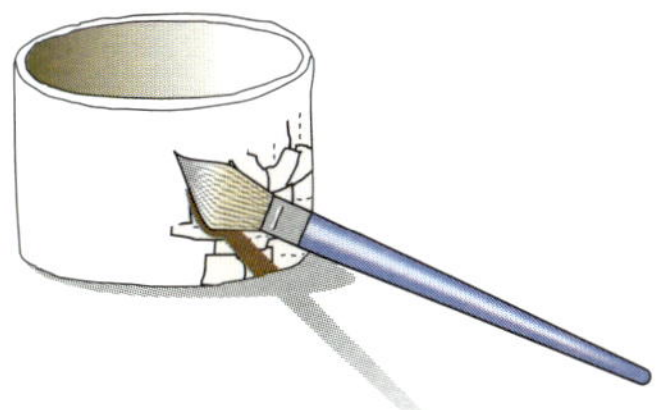

Une fois le papier mâché sec, appliquer une couche de peinture blanche.

Le ponçage

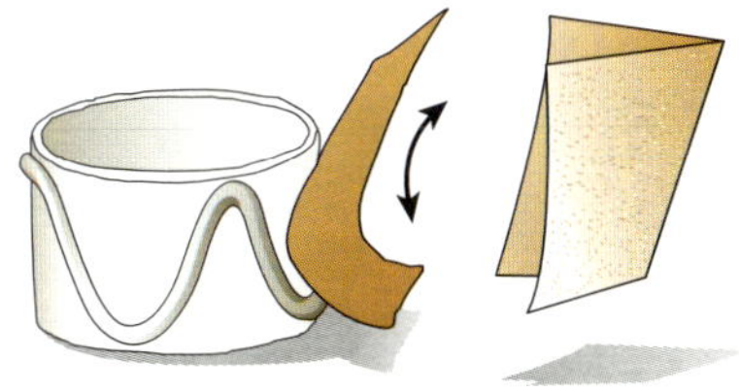

Pour une finition parfaite, poncer très légèrement le modèle pour éliminer les petites irrégularités. Cette opération peut s'effectuer avant la sous-couche.

La peinture

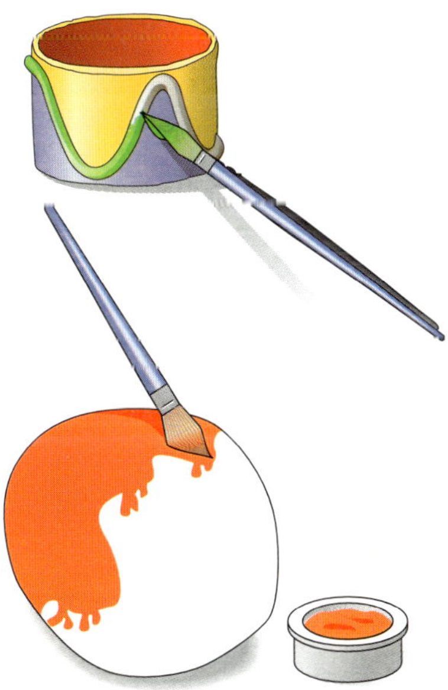

Appliquer une à deux couches de gouache en réalisant les détails au pinceau fin. Bien laisser sécher. Pour une finition parfaite, on peut aussi vernir le modèle.

Pour l'anniversaire d'un copain ou pour faire une belle surprise à quelqu'un, voici des idées de cadeaux pour tous les goûts et à moindre frais.

Avec du matériel de récupération ou du matériel simple, les enfants réalisent des cadeaux pleins de fantaisie, gais et très colorés : aimants amusants, coquetiers décorés, trousse en feutrine, bracelets en macramé ou sachets parfumés…

Ils fabriquent des cartes et des étiquettes pour accompagner les petits cadeaux et apprennent aussi à créer des emballages très originaux.

Petits cadeaux

Carte-navire

Matériel
papier blanc épais,
peinture, ciseaux,
pinceaux : fin et moyen,
crayon à papier,
papier blanc fin,
patron page 236.

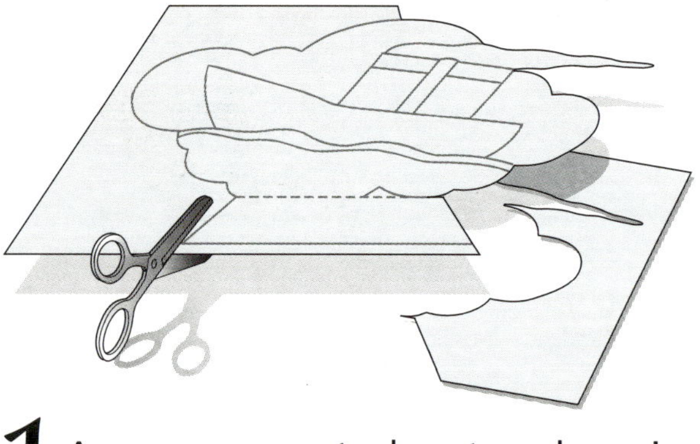

1 Au crayon, reporter le patron du navire page 236 sur du papier blanc. Découper la silhouette du navire et le rabat sans couper la ligne en pointillés.

2 Au pinceau moyen, peindre le ciel bleu et la vague vert foncé, en suivant les tracés au crayon. Bien laisser sécher.

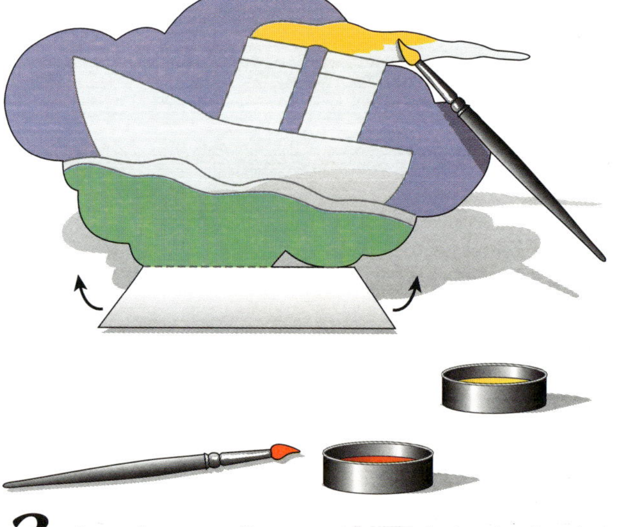

3 Au pinceau fin, terminer de peindre le navire : le haut de la coque en vert foncé, les cheminées en rouge, le bas de la coque et le haut des cheminées en noir, la fumée en jaune. Laisser sécher et écrire au dos.

Étiquettes en fête

Matériel

papiers de couleur,
règle, ciseaux,
crayon à papier,
perforatrice,
colle pailletée
de couleur,
papier kraft et
raphia de couleur.

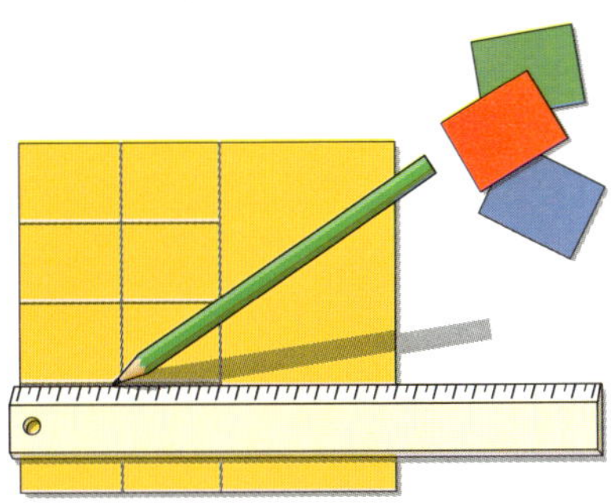

1 Sur les feuilles de couleur, tracer plusieurs rectangles de 4 × 5 cm et les découper.

2 Avec la perforatrice, faire un trou à 1 cm du bord sur la largeur de l'étiquette.

3 Avec la colle pailletée, dessiner des motifs géométriques autour des étiquettes. Laisser sécher.

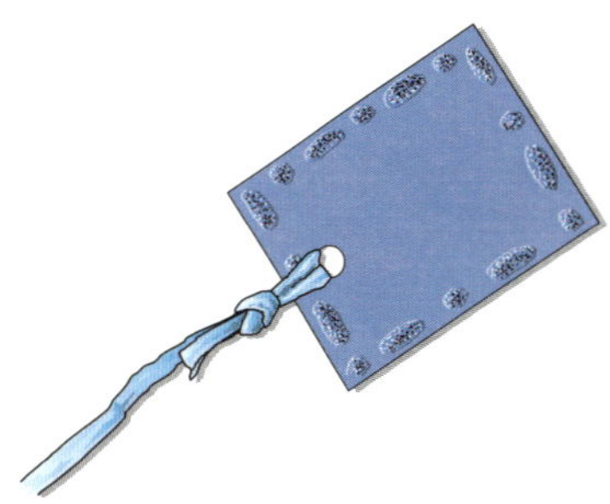

4 Emballer le paquet avec du kraft naturel et des brins de raphia de couleur. Enfiler le raphia dans le trou de l'étiquette et le nouer. Écrire le nom du destinataire.

Cadeau-nature

Matériel

1 carton, 1 pomme, quelques pépins et quelques queues de pommes, couteau, peinture, pinceaux : fin et moyen, colle, ruban large.

1 Couper une pomme en deux. Réserver les pépins et la queue.
Avec un pinceau, étaler de la peinture verte sur la pomme pour faire un tampon. Faire d'abord un essai sur une feuille et au besoin, ajouter de la peinture. Appliquer fortement la pomme sur le carton pour faire une empreinte.

2 Recommencer plusieurs fois en ajoutant de la peinture autant de fois que nécessaire.
Tamponner tous les côtés de la boîte en carton.

Pour réaliser d'autres empreintes de fruits ou de légumes, choisir des végétaux bien fermes en procédant comme pour le cadeau-nature.

3 Lorsque la peinture a séché, reprendre certains contours au pinceau fin si l'empreinte n'est pas assez nette ou si elle a bavé. Bien laisser sécher.

4 Préparer 24 pépins et quelques queues de pommes parmi ceux que l'on a pris soin de conserver.

5 Coller les pépins sur toutes les empreintes de pommes en appuyant fort. Laisser sécher et coller çà et là quelques queues de pommes. Laisser sécher.

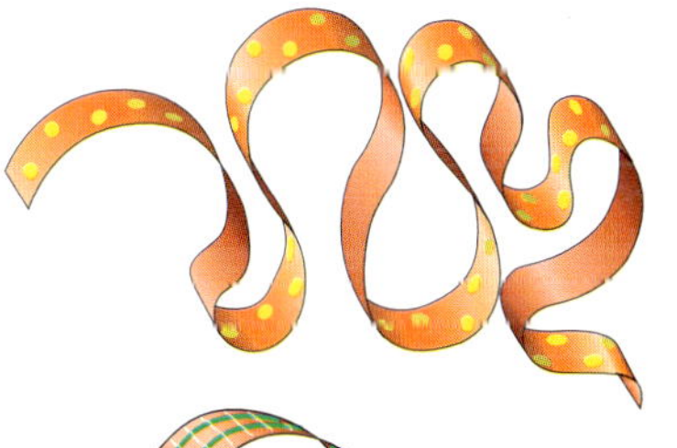

6 Placer un cadeau dans la boîte-nature. Prendre un long ruban fantaisie assez large. Le découper aux ciseaux. Faire un joli nœud autour du paquet-cadeau.

Papillotes-cadeaux

Matériel

papier de soie,
papier crépon de plusieurs couleurs,
papier cristal,
rubans plus ou moins larges,
scotch,
ciseaux.

Ces papillotes-cadeaux sont très faciles à réaliser. On peut aussi les fabriquer avec du papier-cadeau fantaisie.

1 Poser l'objet à emballer sur le papier choisi (papier crépon ou papier de soie). L'enrouler en laissant dépasser environ 10 à 15 cm de papier de chaque côté selon la grosseur de l'objet.

3 Nouer un morceau de ruban à chaque extrémité du paquet et le friser avec les ciseaux.

4 Si nécessaire, recouper les extrémités de la papillote-cadeau et les extrémités du ruban.

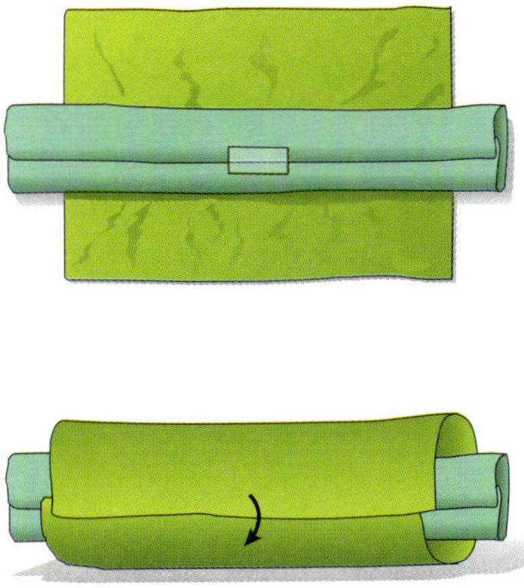

2 Coller un petit morceau de scotch pour faire tenir le papier. Poser un papier de couleur différente sous le précédent en laissant dépasser le premier emballage. Coller un morceau de scotch pour faire tenir le paquet-cadeau.
Pour un joli résultat, choisir des papiers de couleurs vives et contrastées.

5 Pour une finition fantaisie, cranter les bords extérieurs de la papillote avec les ciseaux.
On peut aussi faire une papillote d'un seul côté du papier et nouer un ruban très large autour du paquet-cadeau.

Route des vacances

Matériel

pâte à sel : 2 vol. de farine, 1 vol. de sel, un peu d'eau, papier sulfurisé, rouleau à pâtisserie, couteau rond, fourchette, peinture, pinceaux, vernis incolore.

1 Préparer la pâte à sel en suivant la recette page 8.

Disposer du papier sulfurisé sur le plan de travail. Modeler une grosse boule de pâte et l'aplatir au rouleau à pâtisserie pour faire le fond du tableau (un carré de 20 cm de côté minimum). Couper les bords au couteau pour qu'ils soient bien nets.

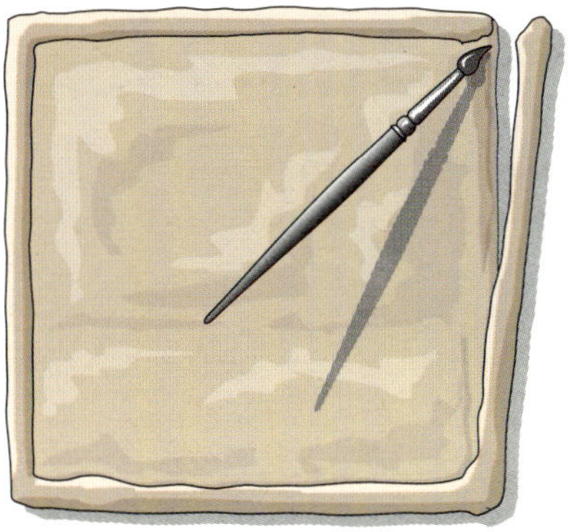

2 Modeler un long boudin de pâte et le disposer autour du fond pour faire un cadre. Souder les éléments entre eux en appliquant un peu d'eau avec un pinceau.

3 Avec la fourchette, piquer le bas du tableau. Modeler les 3 palmiers. Souder les éléments entre eux et sur le fond avec un peu d'eau.

4 Faire une vingtaine de boudins fins. Les regrouper pour former des touffes sur le fond. Bien les souder entre eux et sur le fond avec un peu d'eau.

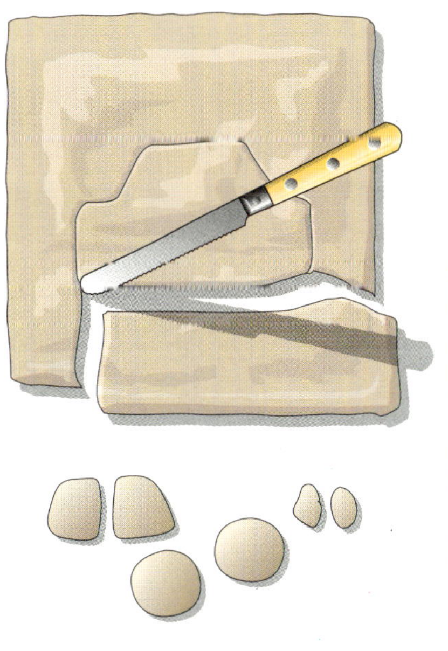

5 Modeler une boule. L'aplatir et découper une forme de voiture. Ajouter 2 boules pour les roues, 2 boulettes pour les phares et ajouter les vitres découpées au couteau.

6 Bien souder les éléments du tableau. Le faire cuire au four en suivant les indications de la page 8.

7 Peindre le fond, les palmiers, l'herbe, les voitures et le cadre. Laisser sécher. Appliquer ensuite une à deux couches de vernis.

Phares bloc-notes

Matériel

règle, crayon à papier,
ciseaux, colle,
bloc-notes autocollant,
papier blanc fin et papiers de différentes couleurs,
attache en toile gommée,
patron page 237.

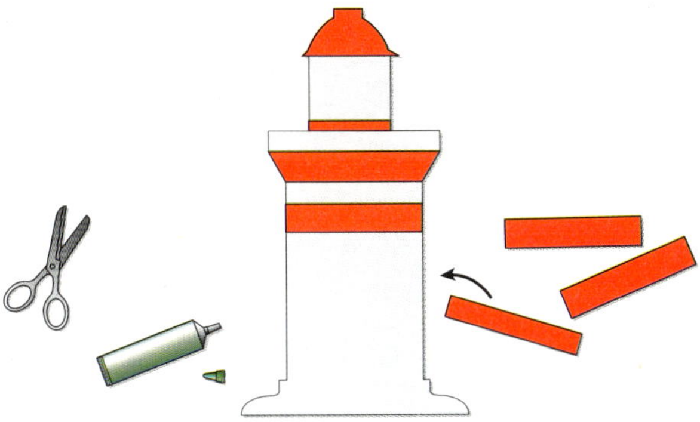

1 Reporter le patron du phare page 237, sur le papier blanc et le découper. Reporter et découper les rayures. Les coller.

2 Reporter et découper les fenêtres et la porte dans du papier gris, les vitres dans du papier blanc. Les coller sur le phare.

3 Dans le papier vert, reporter et découper une bande irrégulière pour imiter la mer. La coller en bas du phare.

4 Reporter et découper les deux lanternes dans du papier orange, et les coller sur le phare.

5 Coller le bloc-notes sur la porte. Coller une attache en toile gommée au dos du phare pour pouvoir accrocher le bloc-notes sur un mur.

Pour la nouvelle année, agrandir le phare et le transformer en éphéméride.

Porte-clés voyage

Matériel

plaques de mousse de différentes couleurs,
stylo à bille,
ciseaux,
colle sans solvant.

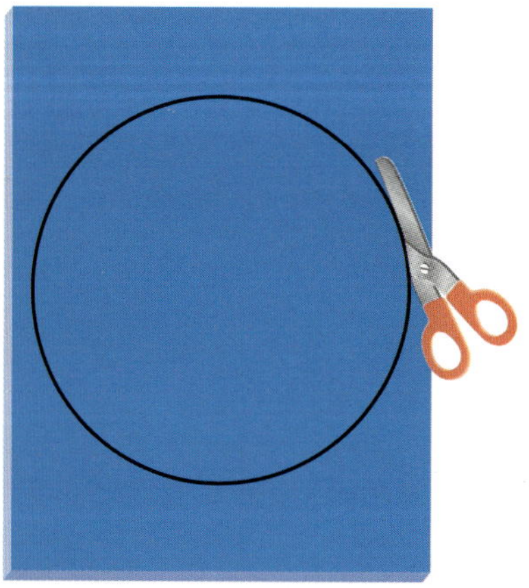

1 Avec le stylo à bille, tracer une première forme sur la plaque de mousse puis la découper avec des ciseaux. Conserver les chutes.

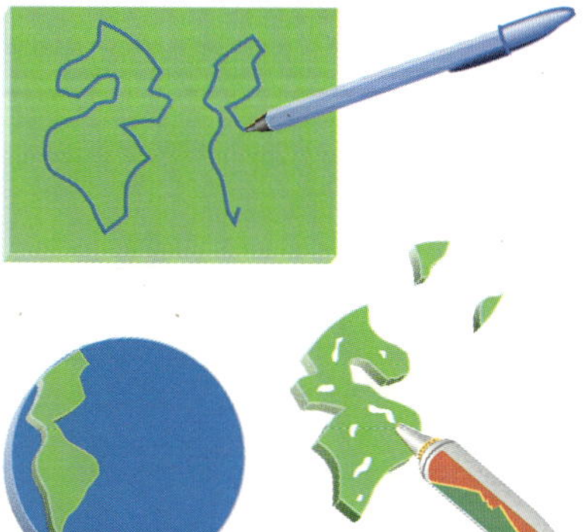

2 Au stylo à bille, dessiner les différentes petites formes du porte-clés sur une plaque de mousse de couleur différente. Découper toutes ces formes aux ciseaux et les coller.

3 Bien appuyer sur les formes pour les faire adhérer et bien laisser sécher.

4 Au stylo à bille, dessiner une forme irrégulière sur une plaque de mousse et la découper aux ciseaux. La coller au dos de la première forme et bien laisser sécher.
En s'inspirant des modèles de la photo, réaliser d'autres formes en mousse pour fabriquer des porte-clés voyage.

5 Découper une fine bande de mousse d'environ 1 × 9 cm. La coller au dos du porte-clés. Placer la clé sur la bande. Refermer l'attache et coller ses extrémités.

Variante : on peut utiliser les motifs des porte-clés pour fabriquer des aimants ou des broches en mousse. Il suffira de coller une attache au dos de la forme réalisée en veillant à bien laisser sécher.

Aimants amusants

Matériel

pâte à modeler à cuire (de type Fimo) de différentes couleurs,
couteau,
aimants ronds en métal,
papier aluminium,
four ménager.

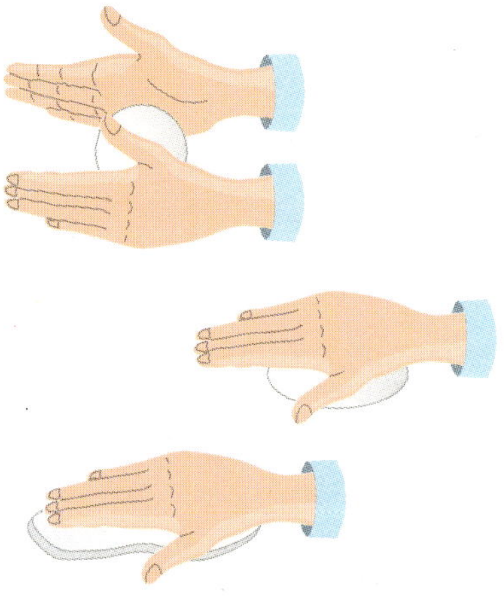

1 Choisir un modèle. Bien chauffer la pâte entre les mains pour la ramollir. S'installer sur un plan de travail bien lisse (papier sulfurisé, plaque de plastique ou de verre). Modeler une boule et l'aplatir.
Rectifier la forme de base du modèle choisi en la découpant au couteau : cadran du réveil, voiture, couronne, avion…

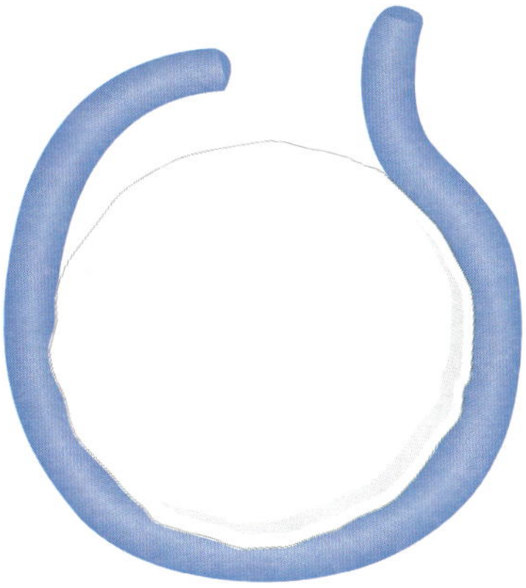

2 Modeler d'autres formes avec une couleur de pâte différente : ici, un boudin bleu. Bien souder les formes en appuyant dessus.

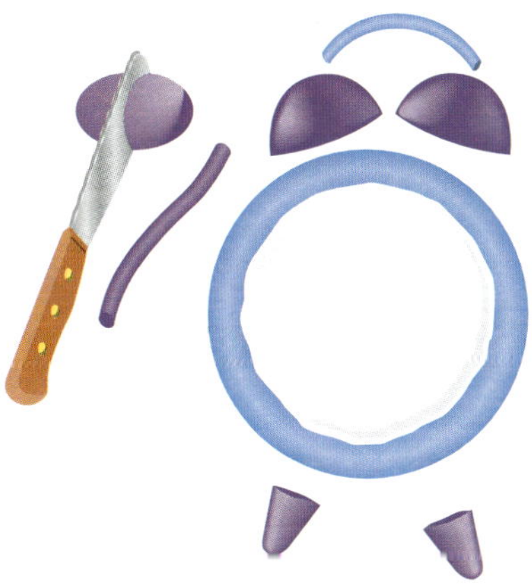

3 Modeler des boules et des petits boudins. Découper au couteau à bout rond. Souder les formes les unes sur les autres en appuyant dessus avec le doigt.

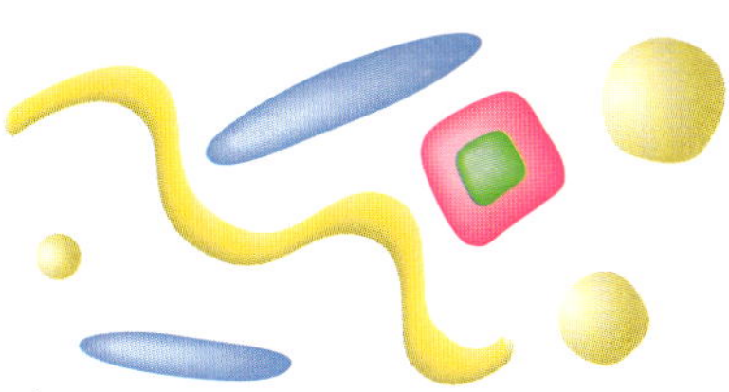

4 Ajouter les derniers détails : aiguilles du réveil, boulettes pour les heures ou fenêtres et phares des voitures, décorations de la couronne et du gâteau… Bien les incruster sur le modèle.

Petits cadeaux vraiment étonnants !

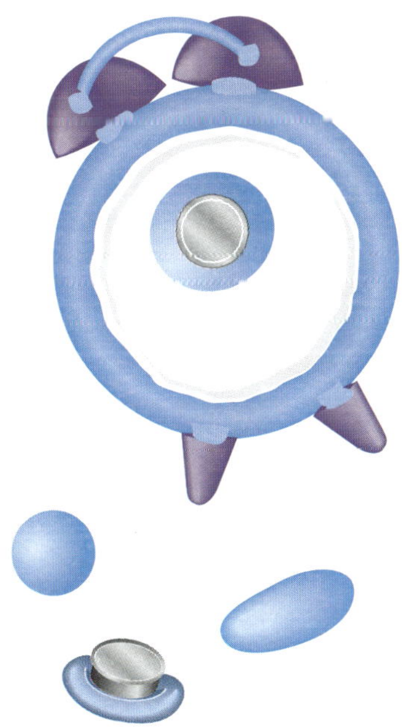

5 Rouler une petite boule de pâte. Y incruster un aimant rond en métal en appuyant bien dessus. Placer et souder l'ensemble au dos du modèle choisi.

6 Si certains éléments se décollent avant la cuisson, bien appuyer dessus pour les ressouder.

7 Préchauffer le four 10 min. Disposer le modèle sur la grille du four recouverte de papier d'aluminium. Cuire en suivant les indications du fabricant.

Trousse à pompons

Matériel
feutrine de différentes couleurs, ciseaux, stylo à bille, colle sans solvant, crayons de couleur ou à papier.

Crayons déguisés

Pour un joli résultat, choisir de la feutrine assortie à la couleur des crayons.

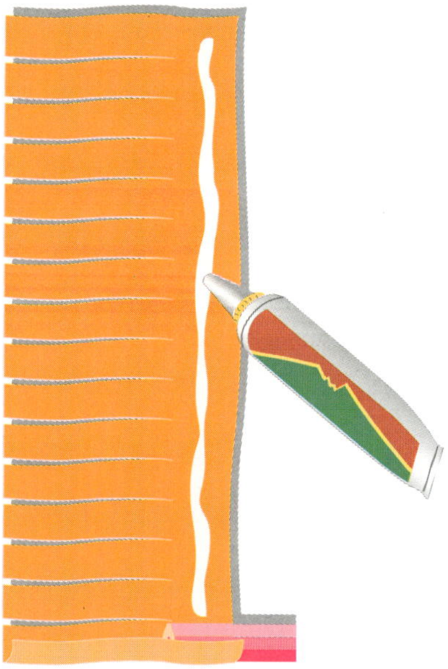

1 Découper une bande de feutrine de 5,5 × 20 cm et faire des franges de 3,5 cm de long. Encoller le bord de la bande, la fixer au bout d'un crayon et l'enrouler.

2 Dans de la feutrine de couleur différente, découper une bande un peu plus large que le tour du crayon. La cranter aux ciseaux et la coller au bas du pompon.

Trousse décorée

1 Découper un rectangle de 25 × 33 cm, le plier en trois. Couper le rabat en triangle pour faire l'enveloppe. Coller.

2 Cranter la trousse. Décorer le rabat avec un pompon fixé sur une bande de feutrine. Puis coller quelques triangles de feutrine.

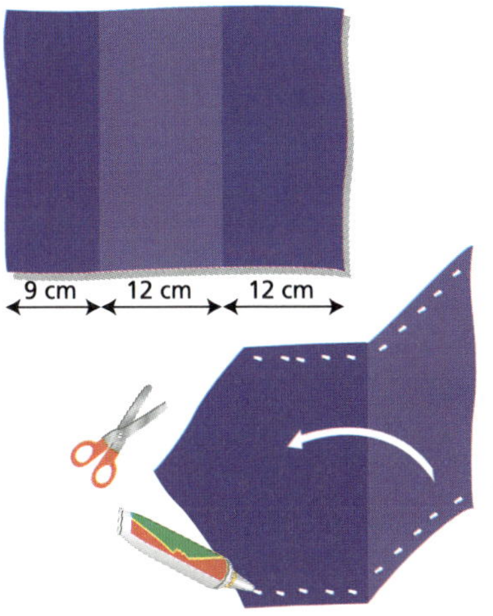

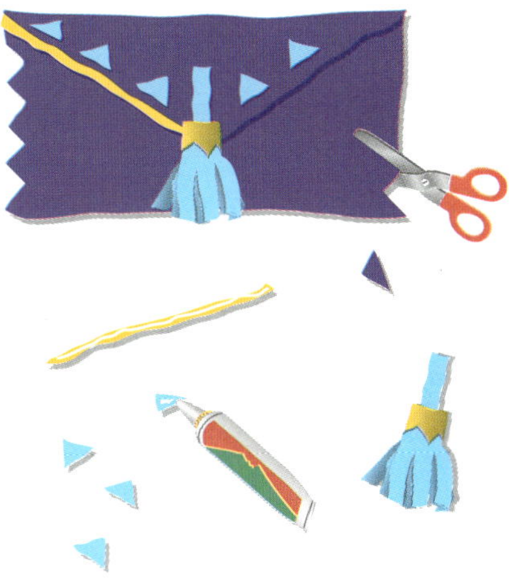

Coquetiers décorés

Matériel

coquetiers et cuillères en bois, papier de verre fin, peinture couvrante diluable à l'eau, pinceaux : fin, moyen, (ne pas utiliser les cuillères pour un usage alimentaire).

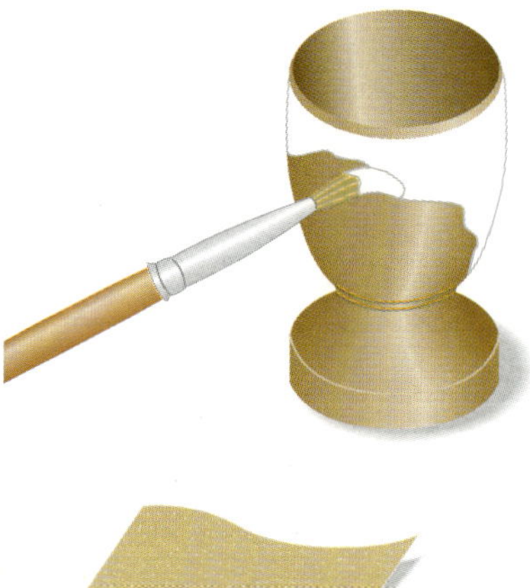

1 Poncer le coquetier ou la cuillère en bois avec le papier de verre fin pour éliminer toutes les irrégularités du bois.

Appliquer une couche de peinture blanche sur tout le modèle avec le pinceau moyen. Bien laisser sécher. Au besoin, appliquer une deuxième couche de peinture.

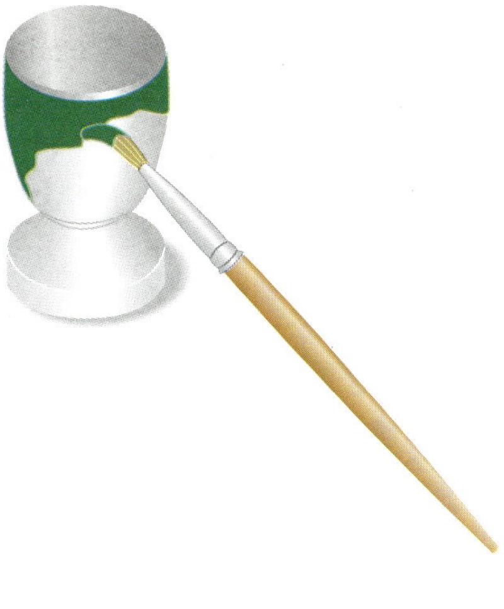

2 Pour plus de facilité, se procurer de la peinture tous supports très couvrante. Choisir une couleur. Peindre l'extérieur du coquetier ou de la cuillère avec le pinceau moyen. Une couche est généralement suffisante. Bien laisser sécher et si nécessaire, poncer très légèrement pour éliminer les irrégularités de peinture.

3 Avec le pinceau fin, peindre l'intérieur du coquetier d'une couleur différente. Laisser sécher.

4 Si nécessaire, poncer légèrement l'intérieur du coquetier avec le papier de verre.

5 Choisir une peinture qui contraste avec la couleur du fond. Avec le pinceau fin, peindre des petits points autour ou sur tout le coquetier.

On peut aussi dessiner des rayures ou des étoiles. Bien laisser sécher.

Jolies barrettes

Matériel

supports de barrette et barrettes en plastique, plaques de mousse de différentes couleurs, boutons fantaisie, petite lime en fer, colle sans solvant, ciseaux.

Barrettes mousse

1 Découper la forme choisie : un poisson ou un rectangle de 5 × 10 cm.

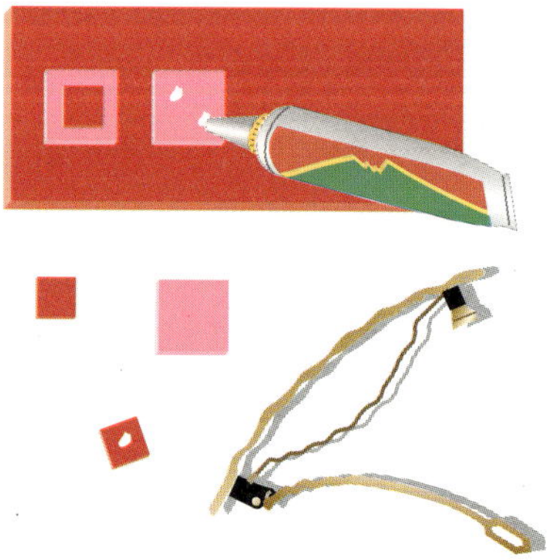

2 Coller l'œil du poisson. Découper 4 petits carrés roses et 4 carrés rouges plus petits. Les coller les uns sur les autres sur le rectangle rouge. Laisser sécher quelques minutes.

3 Coller le motif réalisé sur un support de barrette. Maintenir le collage quelques minutes et bien laisser sécher.

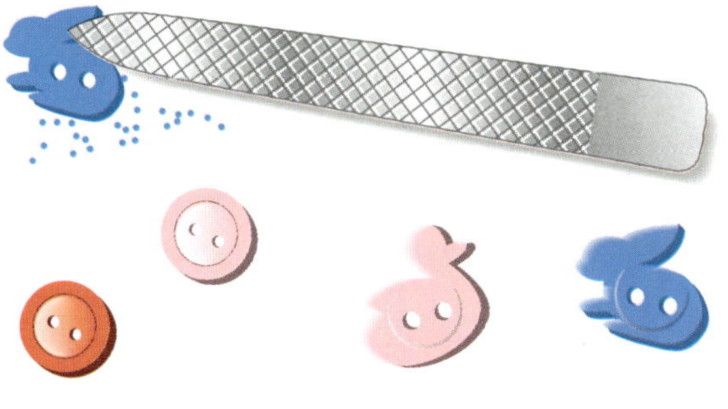

Barrettes à boutons

1 Choisir des boutons plats de couleurs et de formes différentes. Limer l'arrière des boutons pour qu'ils adhèrent parfaitement lors du collage.

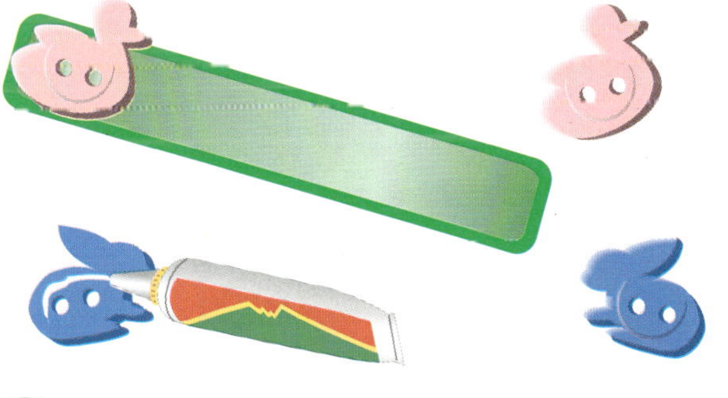

2 Coller les boutons un par un en les espaçant régulièrement sur une barrette en plastique. Alterner les couleurs.

Astuce : si on utilise des boutons à pied, demander à un adulte de leur couper le pied avec une pince coupante. Limer ensuite et coller les boutons sur une barrette en plastique. Laisser sécher.

Maisonnettes

Matériel

balsa ou bois de cagette,
éponge,
peinture,
pinceaux :
fin et moyen,
crayon à papier,
colle.

1 Récupérer des cagettes ou des morceaux de balsa. Si nécessaire, les nettoyer avec une éponge humide. Choisir 4 ou 5 couleurs vives pour les différentes parties de la maison.
Peindre les morceaux les plus larges avec un pinceau moyen et les plus petits avec un pinceau fin. Bien laisser sécher.

2 Demander à un adulte de casser le bois avec les doigts pour obtenir des morceaux plus ou moins gros et irréguliers.

3 Pour le fond, demander à un adulte de « découper » un morceau de bois carré d'environ 20 cm de côté. Au crayon à papier, dessiner une ligne pour délimiter l'herbe et le contour de la maison.

4 Faire des petits tas de bois en séparant les différentes couleurs, pour gagner du temps lors du collage de la maison.

5 Coller dans l'ordre les morceaux de bois de l'herbe, de la façade de la maison, de la porte et du toit. Bien appuyer sur les différents éléments.

6 Coller les détails : brins d'herbe et fleurs autour de la maison et montants de fenêtre.

7 Pour terminer, coller plusieurs morceaux de bois de la même couleur tout autour du carré pour créer un cadre. Bien laisser sécher la maisonnette.

Chat et souris

Matériel

carton,
crayon à papier,
peinture et bâtonnet,
pinceaux : fin et large,
sel (ou sable très fin),
palette ou pots en verre.

1 Sur un carton de récupération, faire un dessin au crayon à papier en prévoyant une marge autour pour créer un cadre.

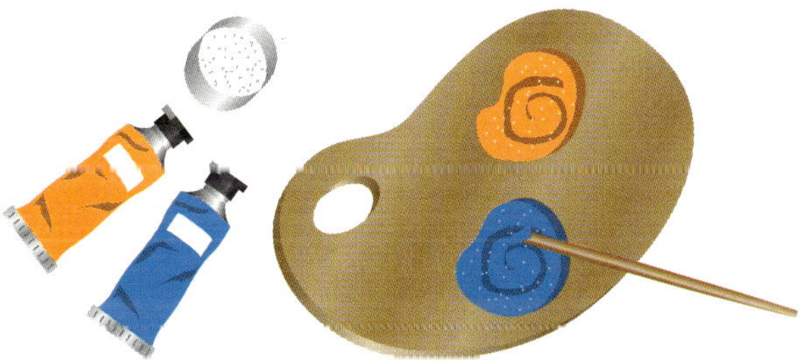

2 Préparer la peinture en mélangeant la gouache et le sel avec un bâtonnet pour obtenir une pâte granuleuse.

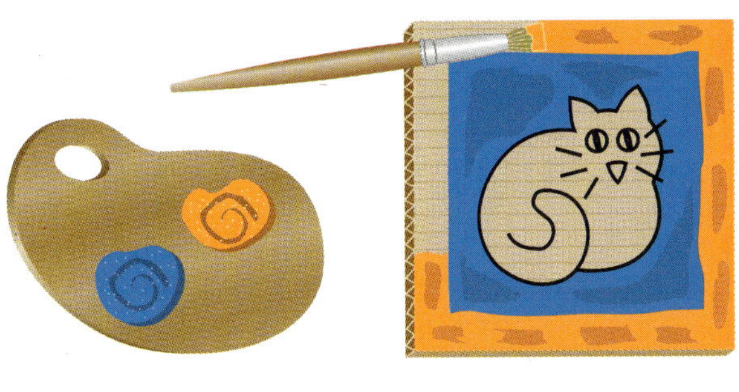

3 Peindre le dessin avec des couleurs vives : utiliser le pinceau large pour le fond et le pinceau fin pour les détails.

4 Le mélange sel + peinture étant assez épais, veiller à bien laisser sécher le tableau avant de réaliser les finitions.

5 Pour une finition parfaite, repasser sur les contours du cadre et de l'animal avec un pinceau fin. Laisser sécher. Pour un meilleur résultat, on peut vernir le tableau.

Un tableau pour jouer au chat et à la souris.

Cadres-animaux

Matériel

carton ondulé, crayon à papier, ciseaux, colle, compas et cutter (facultatifs), peinture, pinceau, papier blanc fin, patrons page 238.

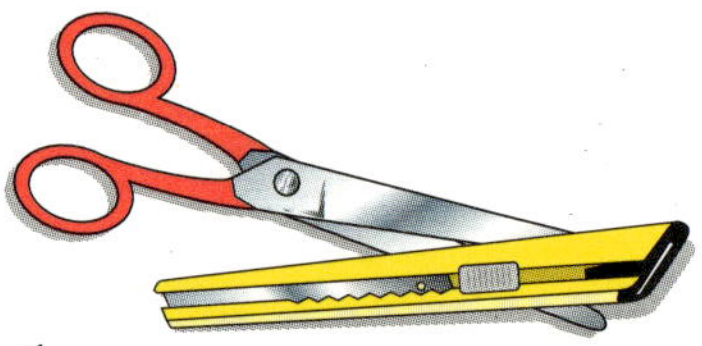

1 Choisir un des animaux. Au crayon à papier, reporter le patron correspondant sur le carton ondulé. Le découper aux ciseaux. Si le carton est trop rigide, demander à un adulte de découper le modèle au cutter.

2 Tracer un ovale ou un cercle au crayon au centre de l'animal pour mettre la photo. Le découper aux ciseaux ou au cutter.

Pour dessiner un cercle sans utiliser de compas, retourner un verre ou une boîte assez large sur le carton. Dessiner le contour de l'objet au crayon à papier.

3 Peindre le modèle. Laisser sécher et au besoin, appliquer une deuxième couche de peinture.

4 Aux ciseaux, découper une photo un peu plus grande que l'ouverture du cadre.

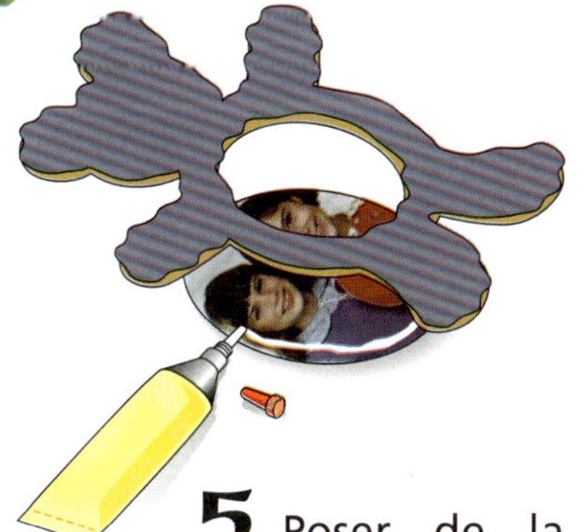

5 Poser de la colle tout autour de l'ouverture du cadre. Mettre un filet de colle en suivant le bord de la photo. Coller la photo derrière le cadre. Bien appuyer pour faire adhérer la colle. Bien laisser sécher.

Parure de papier

Matériel

papiers de couleur,
crayon à papier,
ciseaux,
règle, colle,
laine ou ficelle
(environ 17 cm
pour les bracelets
et 60 cm pour
les colliers).

La technique des perles de papier est très simple. Ici, des poissons ou des étoiles découpés donnent une touche de fantaisie à ces parures de papier.

1 Sur les papiers de couleur, tracer à la règle et au crayon à papier, des bandes d'environ 2 × 15 cm. Les découper aux ciseaux.

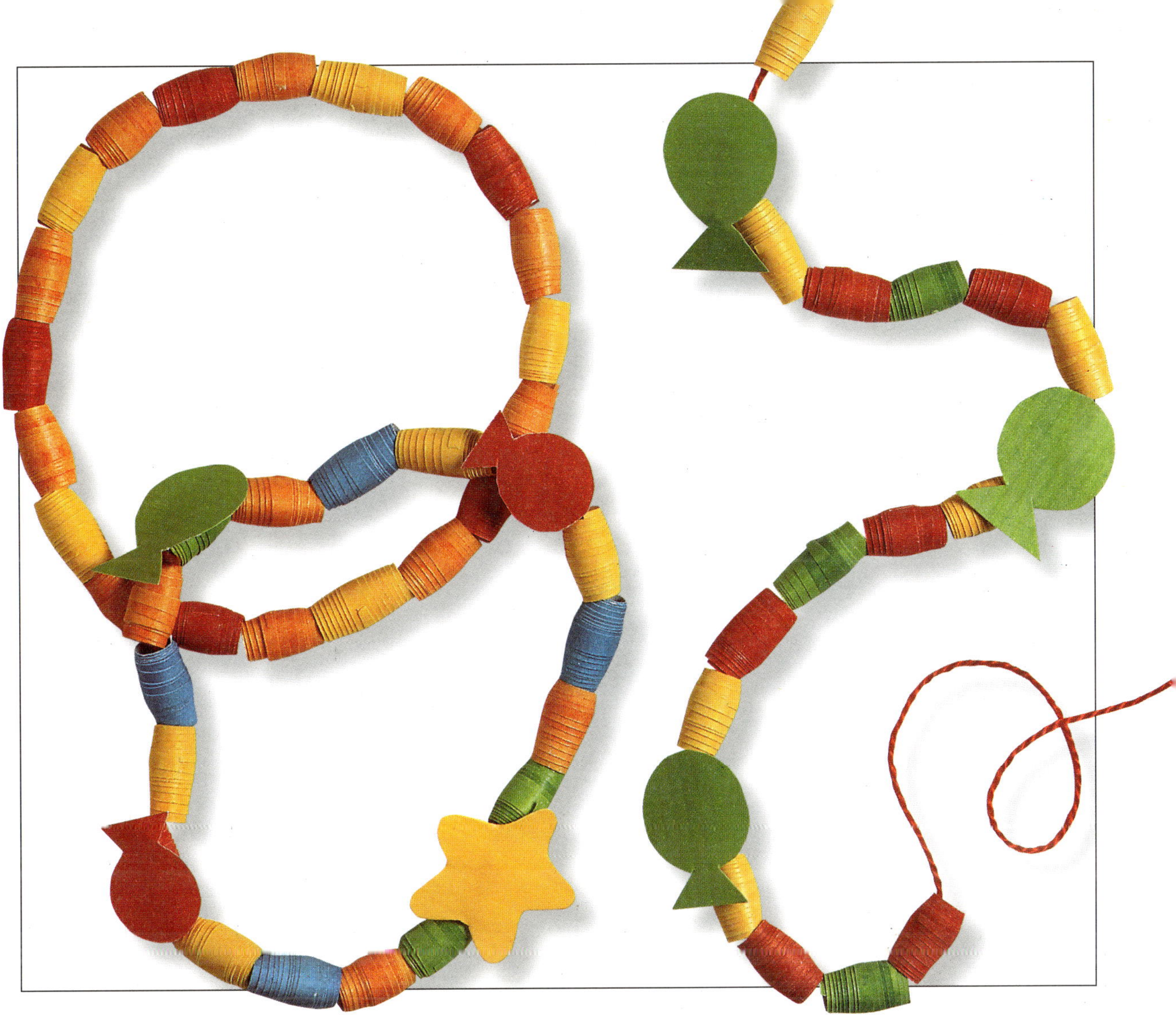

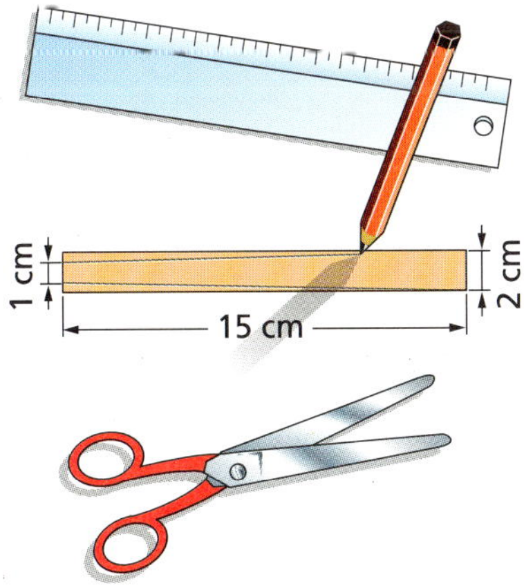

2 Sur ces bandes, tracer des lignes obliques pour que leur largeur soit de 2 cm à une extrémité et d'1 cm à l'autre extrémité. Découper.

3 Enrouler chacune des bandes autour du crayon en partant de l'extrémité large. Coller au bout pour faire une perle de papier. Retirer doucement le crayon.

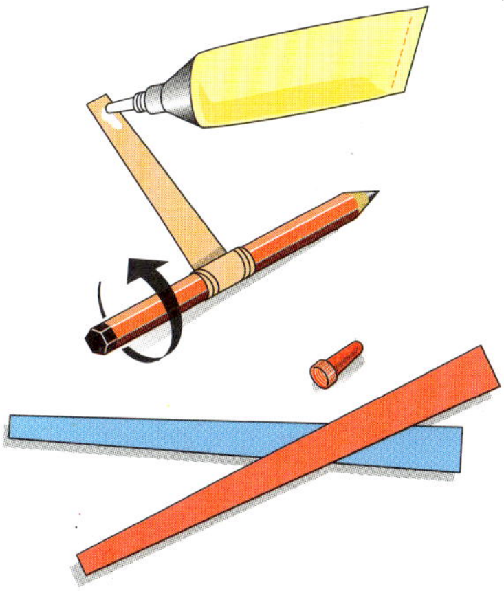

4 Découper des motifs simples (étoiles, poissons) et les coller sur certaines perles. Enfiler les perles sur une ficelle. Faire un nœud bien serré pour fermer.

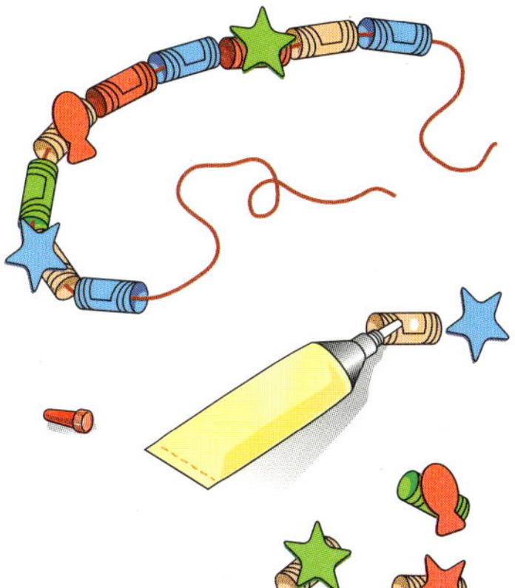

Tirelires

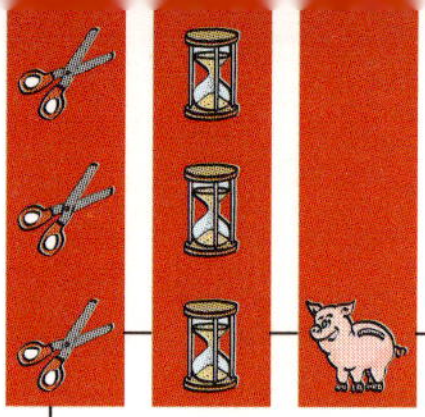

Matériel

ballons et vaseline,
journal, carton,
papier mâché :
voir page 9,
pinceaux, peinture,
ciseaux et cutter,
adhésif de peintre,
papier de verre fin,
bouchon de liège.

1 Gonfler un ballon. Faire 3 nœuds et l'enduire de vaseline. Déchirer des bandelettes de journal de 2 × 10 cm. Les enduire de colle à papier mâché.

Recouvrir le ballon avec 3 couches de bandelettes. Nouer un fil autour du nœud du ballon et le suspendre pour qu'il sèche.

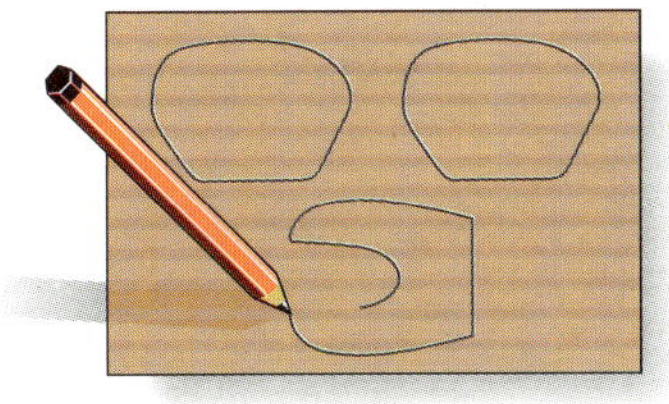

2 Dans le carton, dessiner et découper les nageoires et la queue. Les fixer sur le ballon avec l'adhésif de peintre. Puis les enduire de 4 couches de papier mâché.

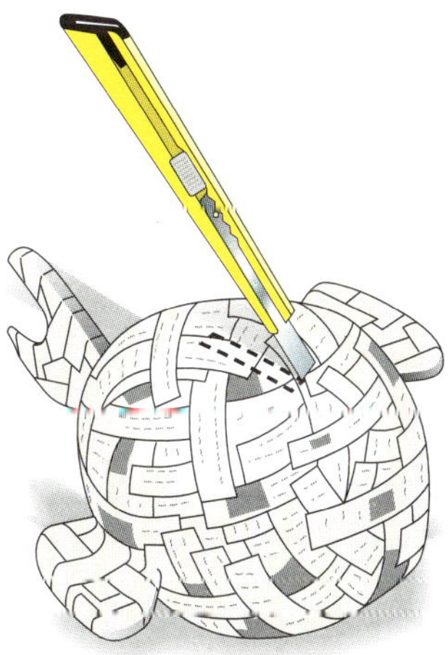

3 Bien laisser sécher. Demander à un adulte de découper au cutter la fente pour glisser les pièces et le rond qui servira à placer le bouchon de liège pour fermer la tirelire. Poncer légèrement le poisson.

4 Peindre le poisson en blanc pour recouvrir l'imprimé du papier et préparer la surface pour la peinture. Appliquer 2 couches et bien laisser sécher.

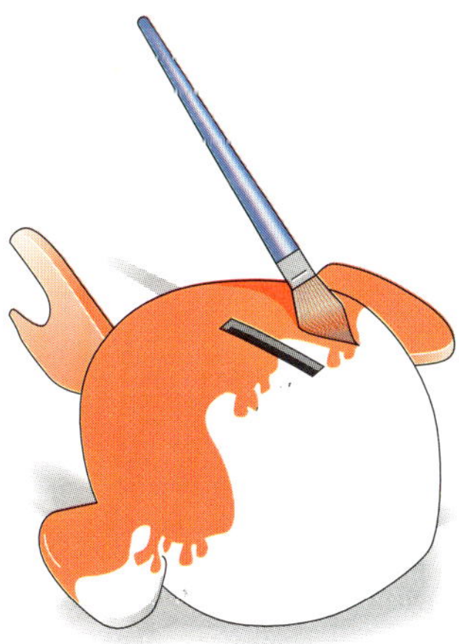

5 Avec le pinceau large, peindre le corps du poisson en bleu ou en rouge. Laisser sécher. Si nécessaire, appliquer une deuxième couche. Laisser sécher.

6 Au pinceau fin, peindre la queue et les nageoires avec la peinture jaune. Bien laisser sécher.

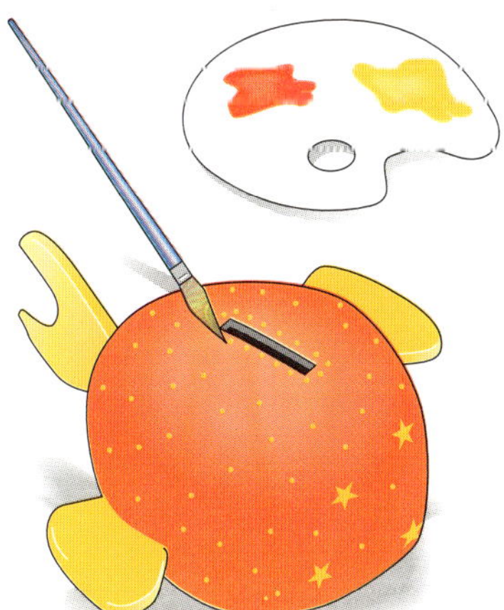

7 Au pinceau fin, ajouter des petits points jaunes et des étoiles. Bien laisser sécher. Pour terminer, peindre le bouchon en jaune. Laisser sécher la tirelire.

Sachets parfumés

Matériel

tissus imprimés ou tulle
de 20 × 20 cm,
ruban, bolduc : environ 20 cm,
lavande, épices, coquillages...
coton et essence de parfum,
ciseaux.

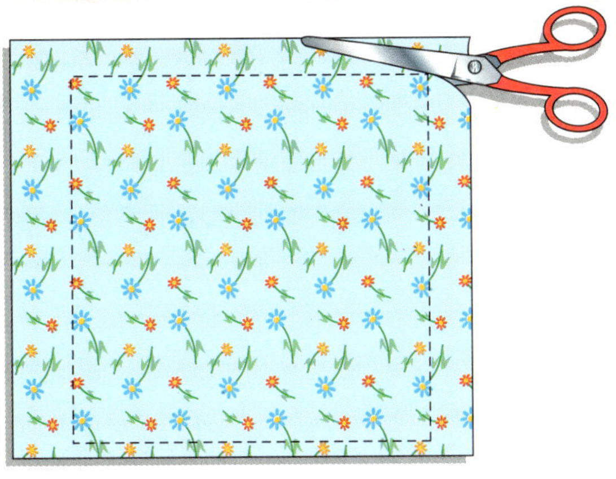

Sachets ronds

1 Dans le tissu fantaisie, découper un carré d'environ 20 × 20 cm.

2 Poser une poignée de lavande au milieu du carré ou former une boule de coton. Y déposer une goutte d'essence de parfum.

3 Refermer le tissu en nouant un ruban bien serré. Faire un nœud. Si nécessaire, égaliser le haut du sachet aux ciseaux.

Réaliser d'autres sachets en parfumant des coquillages ou des morceaux de verre dépolis et en les disposant dans du tulle de couleur fermé par un ruban. Placer les sachets odorants dans une armoire. Ainsi, ils parfumeront le linge.

Sachets longs

Découper un morceau de tissu d'environ 8 × 21 cm. Préparer une forme de coton ovale. Déposer une goutte d'essence de parfum sur le coton ou de la lavande.

Presse-papiers

Matériel
plâtre,
grande boîte
à fromage, coquille
Saint-Jacques,
crème de jour,
scotch, récipient,
bâton, papier de
verre très fin,
peinture, vernis.

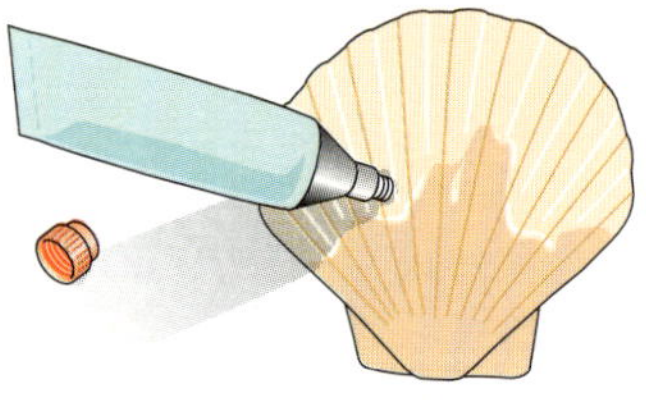

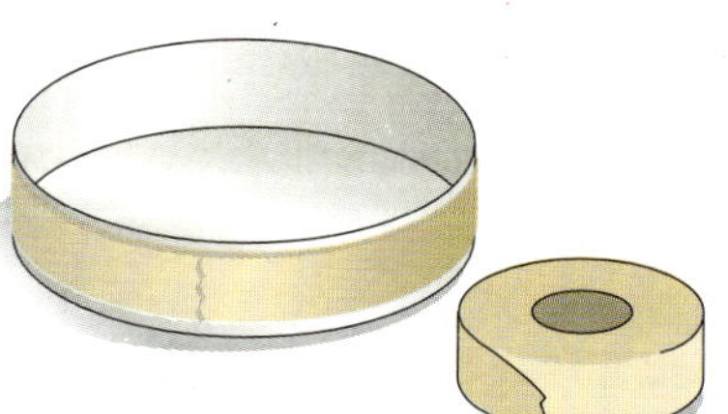

Si on manque de temps, on peut acheter du plâtre à prise rapide dans les magasins de bricolage.

1 Préparer le moule du presse-papiers. Enduire la coquille Saint-Jacques de crème de jour ou de vaseline. Consolider la boîte à fromage en enroulant du scotch tout autour.

2 Préparer le plâtre. Dans un récipient, verser 2 mesures de plâtre pour une mesure d'eau. Remuer jusqu'à obtention d'une pâte homogène.

3 Verser le plâtre dans le moule. Secouer pour chasser les bulles d'air.

4 Pour la main, attendre environ 20 min. Pour être sûr que le plâtre est prêt à recevoir l'empreinte de la main, enfoncer le bâton, il doit laisser une trace bien visible. Enfoncer alors délicatement la main dans le plâtre pâteux et la laisser 30 secondes ! Laisser sécher au moins 3 heures.

Les coquilles Saint-Jacques sont parfaites pour réaliser des moules pour les presse-papiers.

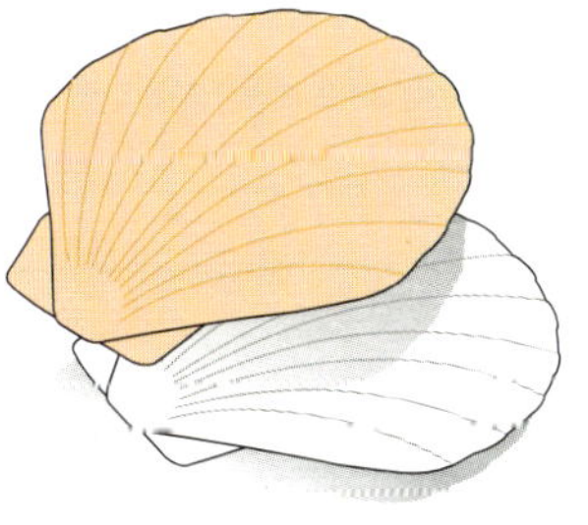

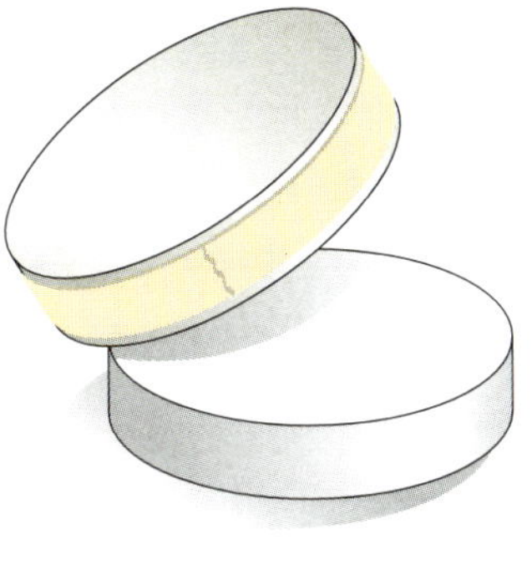

5 Démouler. Tapoter légèrement la coquille Saint-Jacques. Ôter doucement le carton tout autour de l'empreinte de la main.

6 Au besoin, poncer légèrement les irrégularités avec du papier de verre très fin.

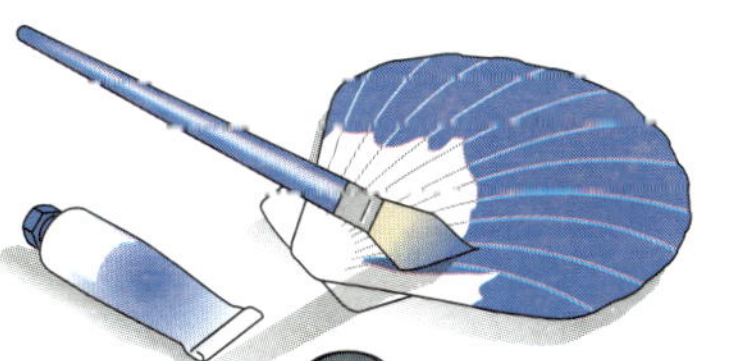

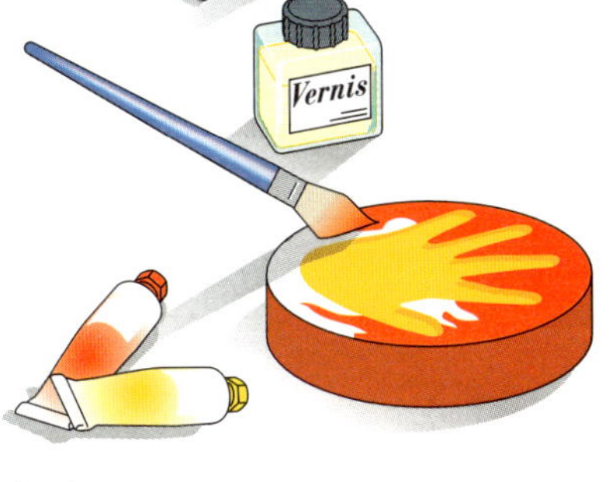

7 Peindre les presse-papiers et appliquer une couche de vernis pour les protéger. Pour créer des moules en carton, voir page 84.

Bocaux ensablés

Matériel

pots de confiture, de cornichons ou petits pots de bébé, sable coloré de différentes couleurs, petite cuillère, grande allumette ou bâtonnet fin, carton, ciseaux, peinture, pinceau, pâte à modeler.

1 Avant de commencer, bien laver et bien essuyer les bocaux. Avec la petite cuillère, verser une première couche de sable coloré puis verser une deuxième couche de couleur différente.

2 Enfoncer la grande allumette dans le sable en suivant le schéma. Le sable glisse dans la première couche et crée un motif. Répéter l'opération tout autour du bocal.

3 Verser à nouveau des couches de sable avec la cuillère et recommencer à créer des motifs avec l'allumette.

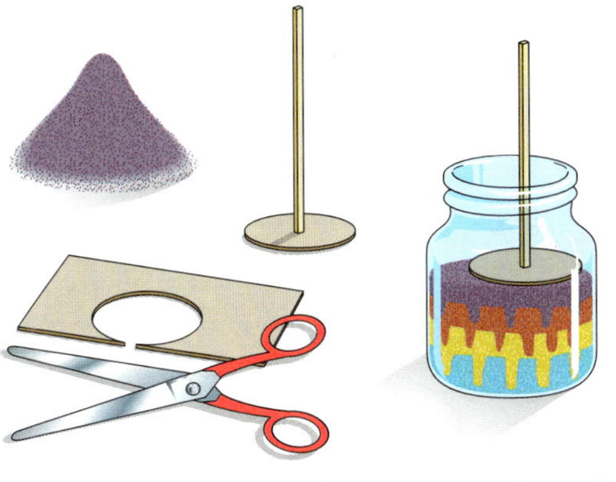

4 Toutes les 4 couches, tasser le sable. Découper un rond de carton. Le percer au centre pour y glisser une allumette ou un bâtonnet. Appuyer cette spatule sur le sable.

5 Peindre le couvercle et laisser sécher. Former une rondelle de pâte à modeler de 5 mm d'épaisseur et de la largeur de l'ouverture du pot. La poser en haut pour empêcher le sable de bouger. Fermer le pot.

Pour les motifs en vagues, verser une couche de sable et incliner le bocal de droite à gauche pour donner un mouvement. Recommencer pour remplir entièrement le pot.

Macramé coloré

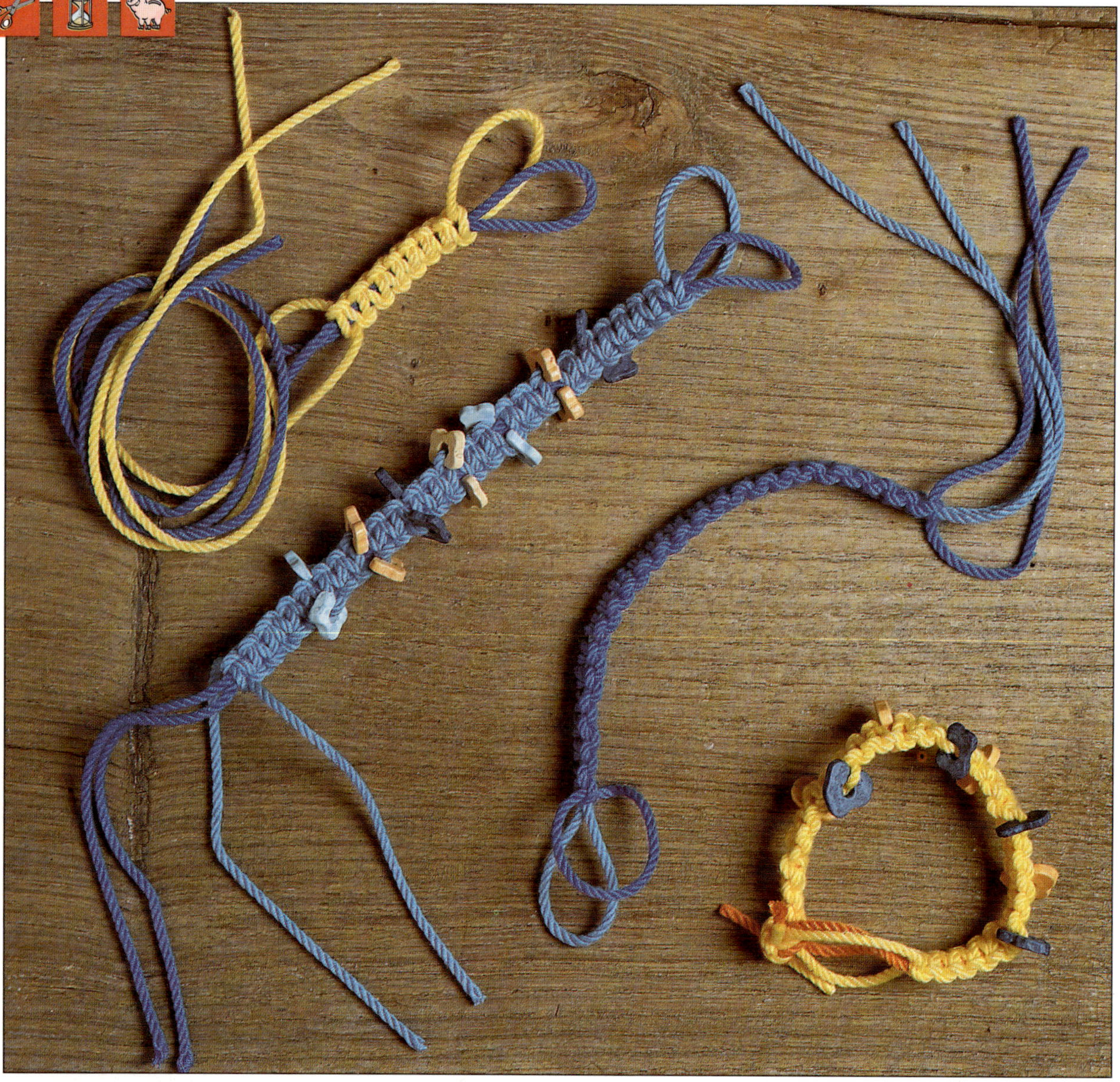

Matériel
ficelle de couleur ou coton perlé (1,50 m par couleur), scotch, 2 crayons, ciseaux.

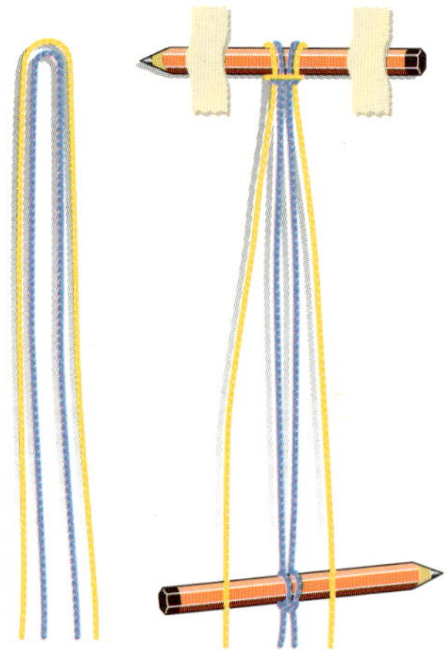

Bracelets plats

1 Choisir 2 fils de 1,50 m de couleurs différentes. Les attacher en leur milieu sur un crayon pour obtenir 4 fils. Scotcher le crayon sur la table pour le fixer. Nouer les 2 fils du milieu sur un crayon. Le placer entre les jambes pendant le tressage pour maintenir les fils tendus.

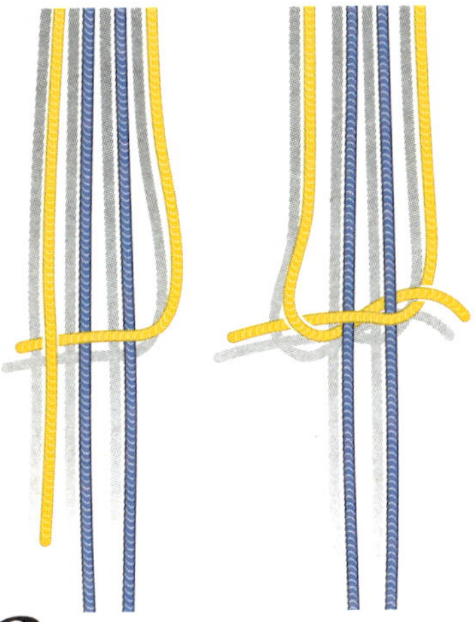

2 Passer le fil de droite sur les fils du milieu puis sous le fil de gauche. Puis passer le fil de gauche sous les fils du milieu et sur le fil de droite. Serrer.

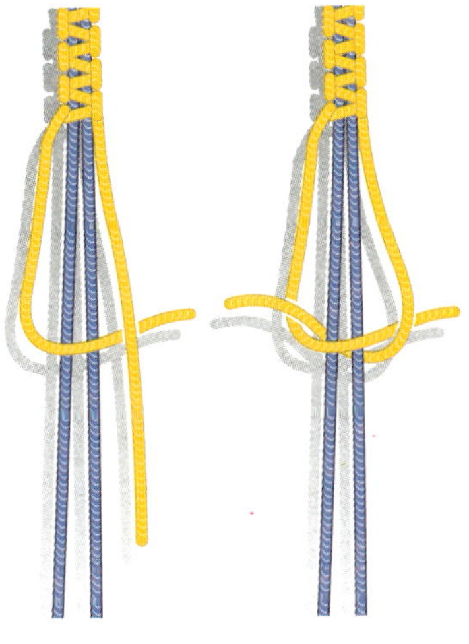

3 Passer le fil de gauche sur les fils du milieu et sous le fil de droite. Puis passer le fil de droite sous les fils du milieu et sur le fil de gauche. Recommencer avec le fil de droite comme à l'étape 2 et changer de fil à chaque fois.

4 Bien serrer les fils entre chaque nœud et continuer pour obtenir un bracelet d'environ 15 cm. Nouer les fils aux extrémités pour fermer le bracelet.

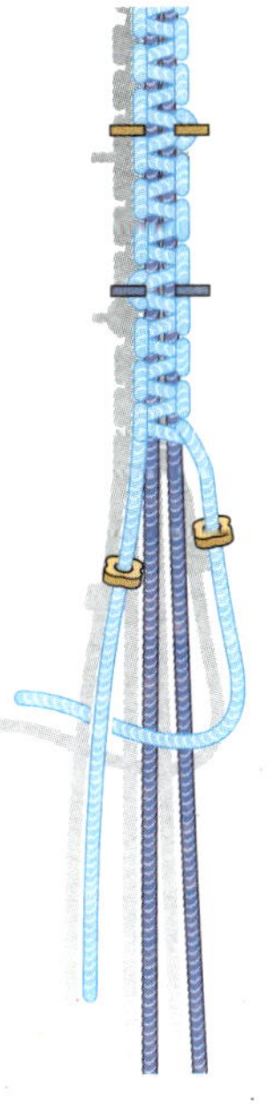

5 Pour enfiler des perles, faire 8 nœuds, passer une perle sur chaque fil avant de commencer un nœud. Faire le nœud. Espacer les perles régulièrement.

Bracelets torsadés

1 Disposer les fils comme pour les bracelets plats. Commencer toujours avec le fil de droite.

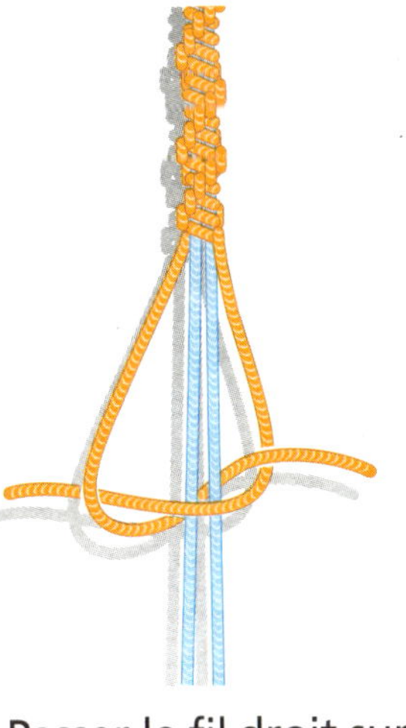

2 Passer le fil droit sur les fils du milieu et sous le fil gauche. Passer le fil gauche sous les fils du milieu et sur le fil droit. Recommencer le même nœud avec le fil droit.

Boîtes métallisées

Matériel

boîtes à fromages,
peinture,
pinceau moyen,
métal récupéré :
barquettes
à surgelés,
crayon usé, colle,
ciseaux.

1 Choisir un des motifs. Peindre la boîte. Si le métal recouvre tout le couvercle, il n'est pas utile de le peindre.

Bien laisser sécher et appliquer une deuxième couche pour bien masquer les étiquettes.
Découper le métal en fonction de la taille du couvercle utilisé.

2 S'installer sur une surface molle (torchon, épaisseurs de papier).

En s'inspirant de la photo, dessiner le motif du couvercle sur le métal avec un crayon usé (mine arrondie non pointue).

De cette façon, on crée un motif en relief sur le métal que l'on dit « repoussé ».

(A)

(B)

3 Suivant l'effet recherché, repousser uniquement le contour du motif (A) ou tout le motif (B).

4 Retourner et coller le métal sur le couvercle pour que les motifs en relief se voient. Laisser sécher.

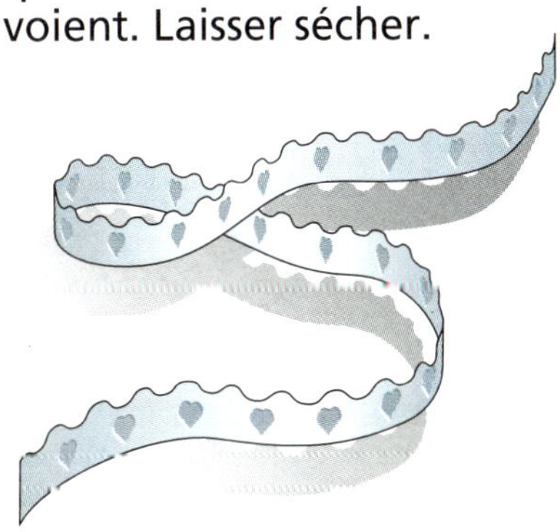

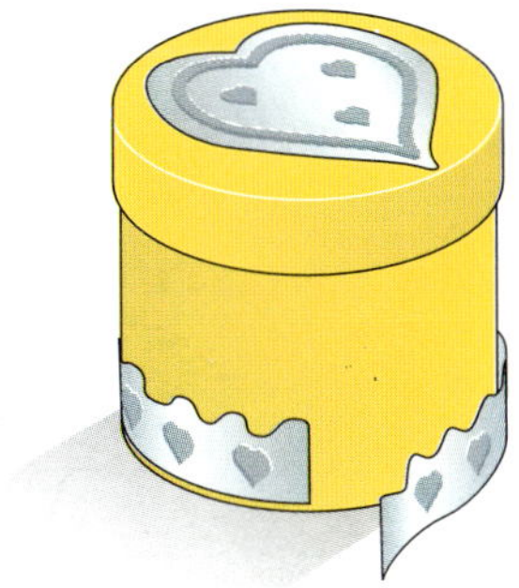

5 Finir de décorer la boîte. On peut cranter une bande de métal pour décorer le bas de la boîte ou dessiner des motifs simples sur des languettes collées autour du couvercle.

Voici une foule d'idées pour décorer la maison de la chambre au salon avec du papier, du carton, de la feutrine, de la pâte à modeler ou du tissu. Les enfants vont créer des petits rangements pour leur chambre : boîte de bureau, pots à crayons rigolos, et la décoreront avec de jolies ribambelles, des tableaux en clous et fils ou des paysages en relief.

Pour décorer la table ou la salle à manger, ils fabriquent des sets de table, des porte-couteaux, des bougeoirs colorés et des couronnes en papier.

DÉCORER LA MAISON

Paysages en relief

Matériel

papier de verre,
carton fin (environ 23 × 28 cm),
chutes de carton ondulé,
pastels gras de couleur,
ciseaux, colle,
attache en toile gommée.

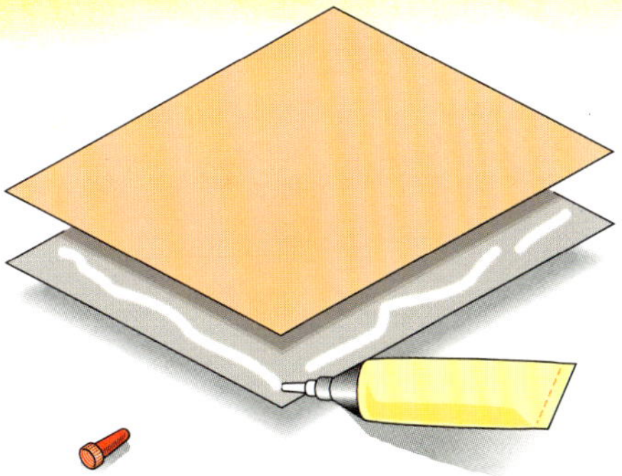

1 Coller une feuille de papier de verre sur une feuille de carton fin.

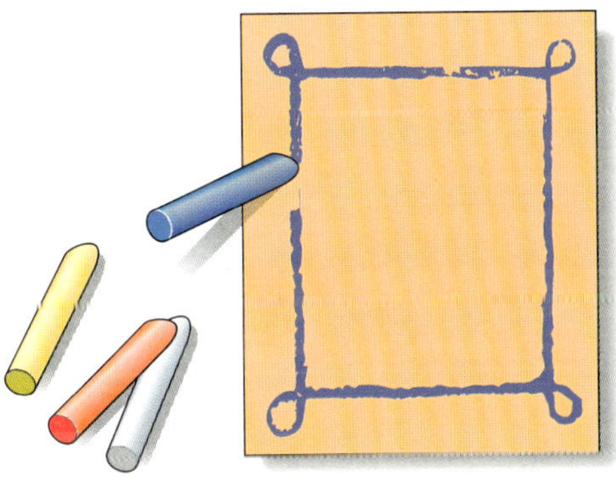

2 Tracer un rectangle légèrement plus petit au pastel gras en faisant des boucles aux quatre coins.

3 Selon le motif choisi, dessiner les nuages ou le château, puis colorier le fond. Découper le cadre tout autour des boucles.

4 Sur une autre feuille de papier de verre, dessiner, colorier et découper un avion ou des étoiles et la lune suivant le tableau choisi.

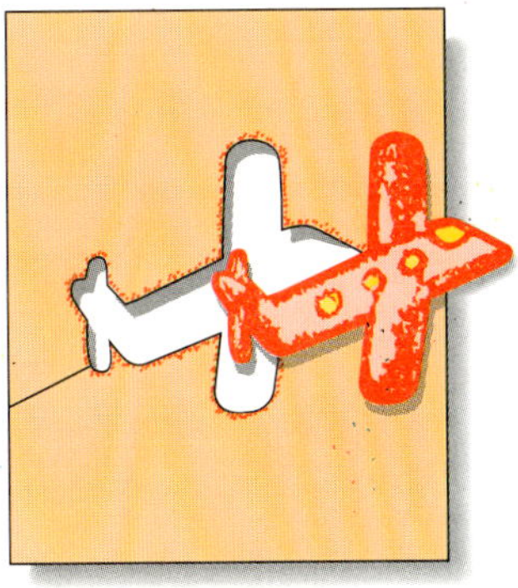

5 Pour donner du relief au paysage, coller des morceaux de carton plus épais (carton ondulé) derrière l'avion, la lune ou les étoiles. Coller les motifs sur le fond. Fixer une attache en toile gommée au dos du tableau.

Drôles d'animaux

Matériel

pâte à sel :
- 2 vol. de farine,
- 1 vol. de sel,
- un peu d'eau,

recette page 8,
rouleau
à pâtisserie,
couteau,
fourchette,
gouaches
de couleur,
vernis incolore,
pinceau.

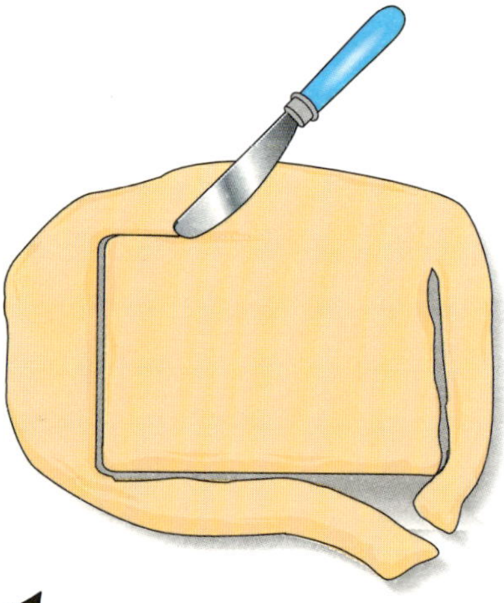

1 Préparer la pâte à sel suivant la recette page 8. Étaler la pâte au rouleau à pâtisserie sur du papier sulfurisé. Découper un rectangle au couteau.

2 Modeler un colombin de pâte et le disposer tout autour du rectangle pour faire le cadre. Souder avec un peu d'eau appliquée avec un pinceau.

3 Piquer le colombin du cadre avec une fourchette ou le strier au couteau.

4 À partir de boules de pâte, modeler le corps et la tête de l'animal choisi. Les souder sur le fond avec un peu d'eau. Ajouter des colombins pour faire les pattes et des boulettes pour les yeux. Souder les éléments entre eux avec un peu d'eau.

5 Piquer la pâte avec une fourchette ou la strier au couteau pour donner du relief aux animaux.

6 Faire cuire à four très doux environ 1 h 30 sur du papier d'aluminium. Peindre en utilisant des couleurs vives. Pour une finition parfaite, laisser sécher et vernir.

Hérisson piquant

Matériel

contreplaqué
de 30 X 35 cm,
papier de verre fin,
peinture acrylique
et pinceau,
papier blanc très fin
et scotch de peintre,
crayon à papier,
106 clous, marteau,
coton à broder :
rouge, bleu, vert,
patron page 239.

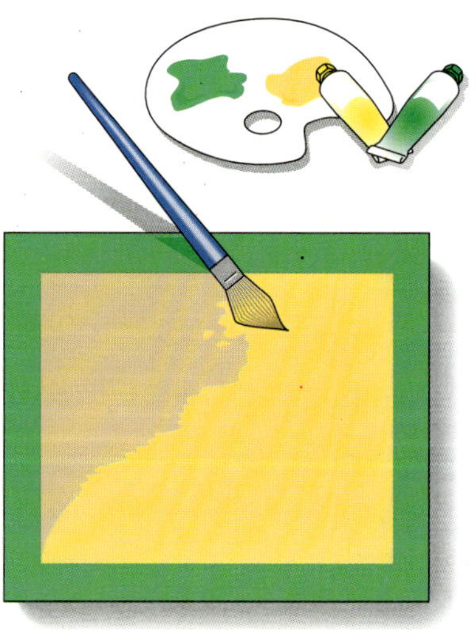

1 Préparer la planche en la ponçant avec une feuille de papier de verre fin.

Avec de l'acrylique ou de la gouache peu diluée, peindre un cadre vert d'environ 3 cm de large. Utiliser de l'acrylique ou de la gouache très peu diluée. Bien laisser sécher.

Peindre le centre du tableau en jaune d'or. Bien laisser sécher.

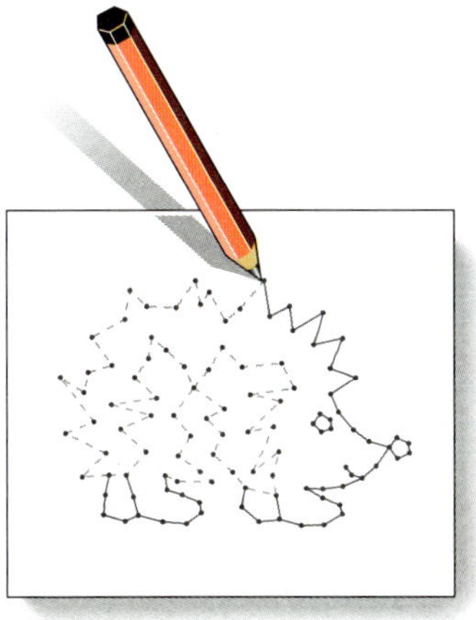

2 Reporter sur une feuille de papier fin le patron du hérisson page 239 en marquant bien l'emplacement des clous.

3 Disposer la feuille avec le modèle sur le support de contreplaqué. Bien centrer. Scotcher. Préparer 106 clous.

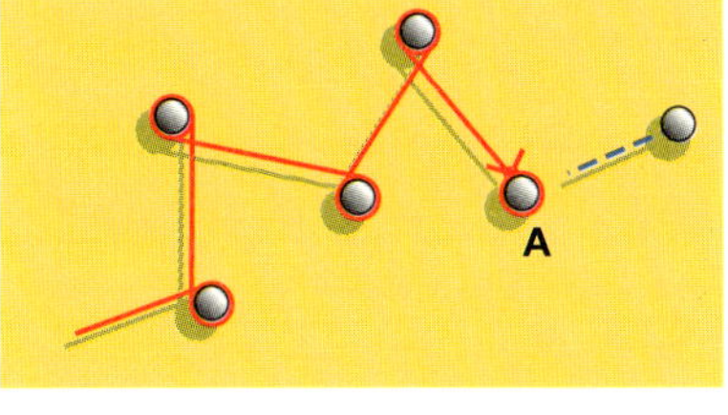

4 Avec un adulte, planter un clou sur chaque point de repère. Enlever le papier en tirant délicatement dessus. Faire un nœud avec le fil rouge en A et commencer.

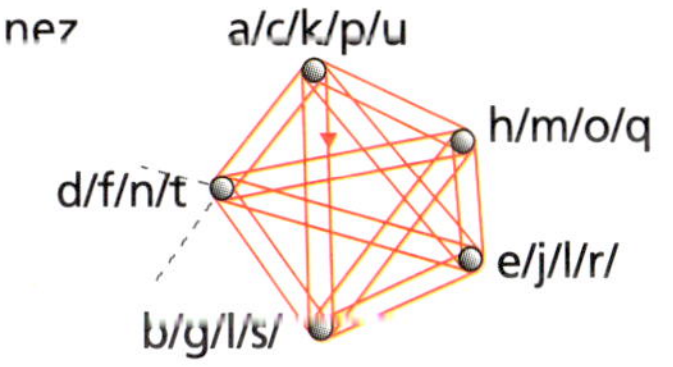

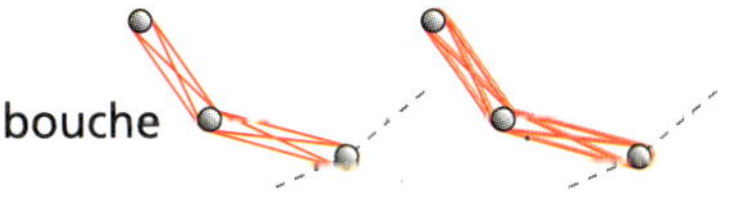

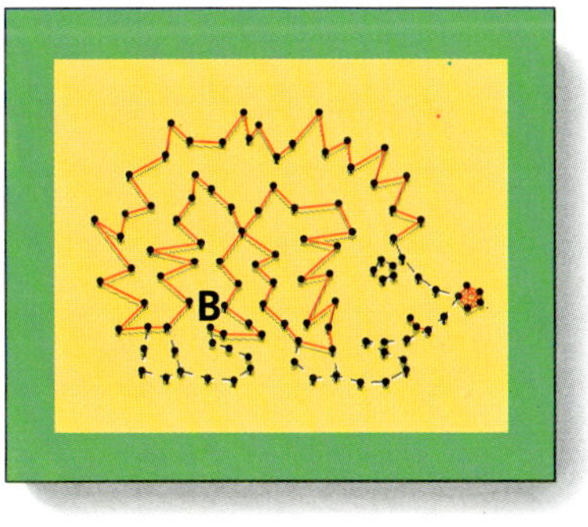

5 Pour le corps, relier les points A à 67 en enroulant le fil autour de chaque clou. Pour le nez, relier les points a) à u) plusieurs fois pour créer le volume. Faire la bouche.

6 Arrêter le fil par un nœud autour du dernier clou. Faire l'œil en vert en procédant comme pour le nez.

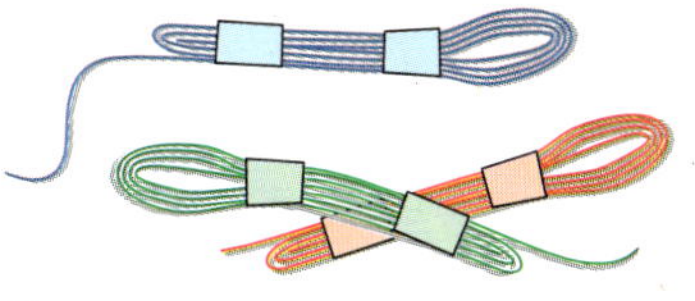

7 Avec le fil bleu, relier les points A à 87. Arrêter le fil par un nœud.
Reprendre et relier B à D. Arrêter le fil et couper ceux qui dépassent.

Animaux tout doux

Matériel

carton,
feutrine,
colle, ciseaux,
papier blanc fin,
crayon à papier,
craie blanche,
coton hydrophile,
patrons page 240.

1 Découper un rectangle ou un carré de carton (vache : 16,5 × 20 cm, cochon : 15 × 20 cm, poussin : 15 × 17,5 cm, chien : 15 × 15 cm).
Découper un morceau de feutrine un peu plus grand. Coller le carton sur la feutrine en le centrant. Couper aux quatre coins. Encoller les bords de la feutrine et les fixer sur le carton. Laisser sécher.

2 Choisir un des animaux. Reporter le patron page 240 sur du papier et le découper.

Poser le patron sur la feutrine. Cerner le contour de l'animal choisi avec la craie blanche. Découper la vache, le chien, le poussin ou le cochon. Pour la vache, découper l'herbe et la coller.

3 Placer un morceau de coton sous l'animal pour donner du volume et coller le tout sur le cadre.

4 Ajouter les détails de l'animal : taches, pis, yeux, oreilles, etc., et les différents éléments du décor.

5 Finir de décorer le tableau en ornant les coins du cadre avec des ronds ou des triangles en feutrine.

Mini-ribambelles

Matériel

marin : papier blanc de 50 × 10 cm, feutres : rouge, bleu, noir, rose, crayon, ciseaux.
poire : feuille jaune de 50 × 10 cm, feutre vert, patrons page 241.

Marin

1 Au crayon à papier, reporter le marin suivant le patron page 241 au bord gauche de la bande de papier blanc.

La plier en accordéon sur 8 épaisseurs en repliant la bande de papier à l'emplacement indiqué en pointillés.

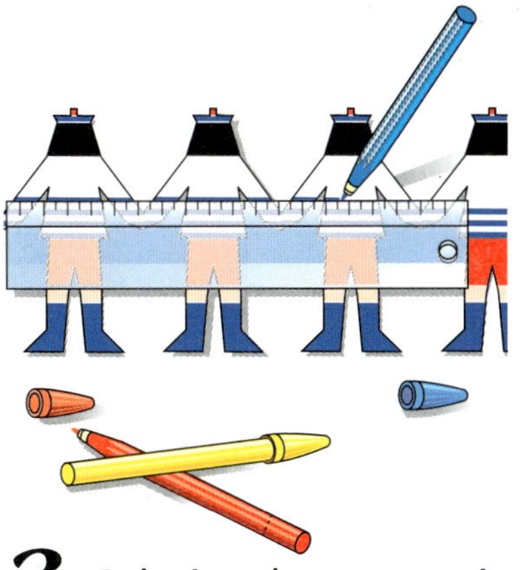

3 Colorier chaque marin recto et verso au feutre en traçant les rayures des pulls à la règle.

Poire

1 Reporter le patron de la poire page 241 au bord de la feuille jaune. Plier la feuille en accordéon sur 12 épaisseurs.

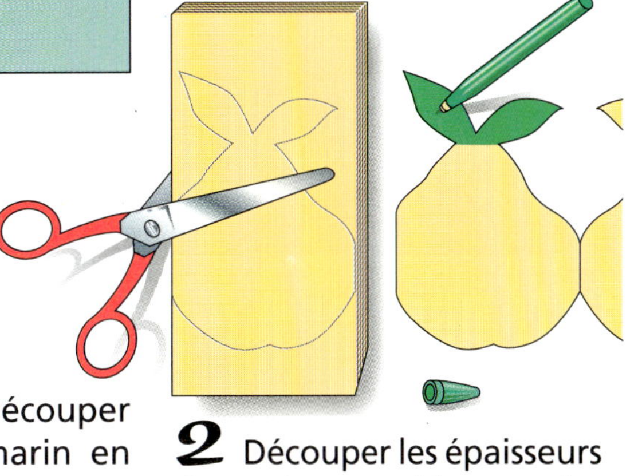

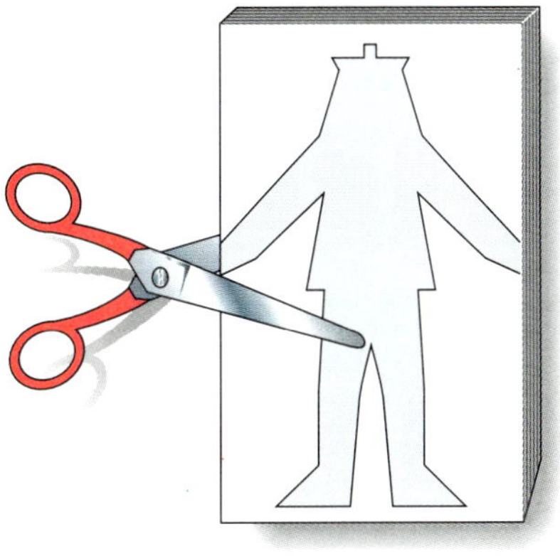

2 Bien appuyer pour bien maintenir la bande serrée entre le pouce et l'index. Découper la silhouette du marin en prenant garde de ne pas découper la partie en pointillés qui servira à relier la ribambelle. Déplier.

2 Découper les épaisseurs de papier sans découper les parties en pointillés. Colorier les feuilles au feutre vert au recto et au verso.

Boîte à bureau

Matériel

boîte à chaussures d'enfant, 1 couvercle de boîte à chaussures d'adulte, règle, gros pinceau, ciseaux, cutter, scotch papier pour le bricolage, peinture, crayon à papier.

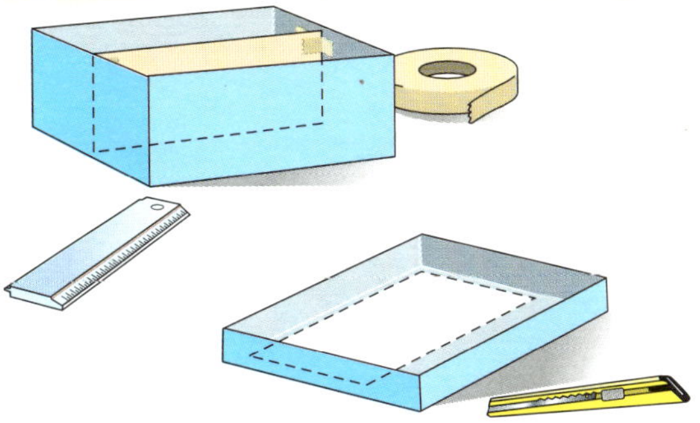

1 Dans le couvercle de la petite boîte à chaussures, découper un rectangle d'environ 8,5 × 22 cm. L'ajuster et le scotcher au milieu de la boîte.

2 Tracer une palette d'environ 22 × 20 cm dans le grand couvercle. La découper puis la scotcher dans la boîte à 2 cm du bord.

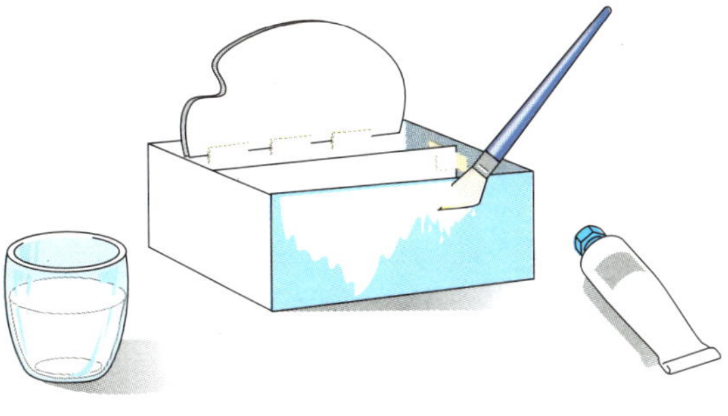

3 Peindre la totalité de la boîte en blanc pour préparer la surface. Bien laisser sécher et au besoin, appliquer une deuxième couche.

4 Lorsque le tout est sec, peindre l'intérieur de la boîte en jaune vif. Laisser sécher. Peindre l'extérieur de la boîte en rouge. Laisser sécher avant de peindre le dessous de la boîte de la même couleur.

5 Tracer un ovale au crayon sur la palette et le peindre en noir. Préparer 4 ou 5 couleurs. En poser une petite quantité sur la palette et les mélanger sur le tour.

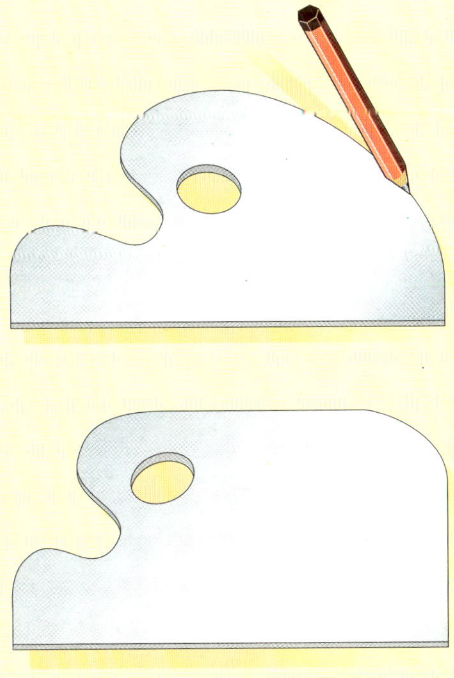

S'inspirer de ces dessins pour créer d'autres boîtes à bureau.

Boîtes à ressorts

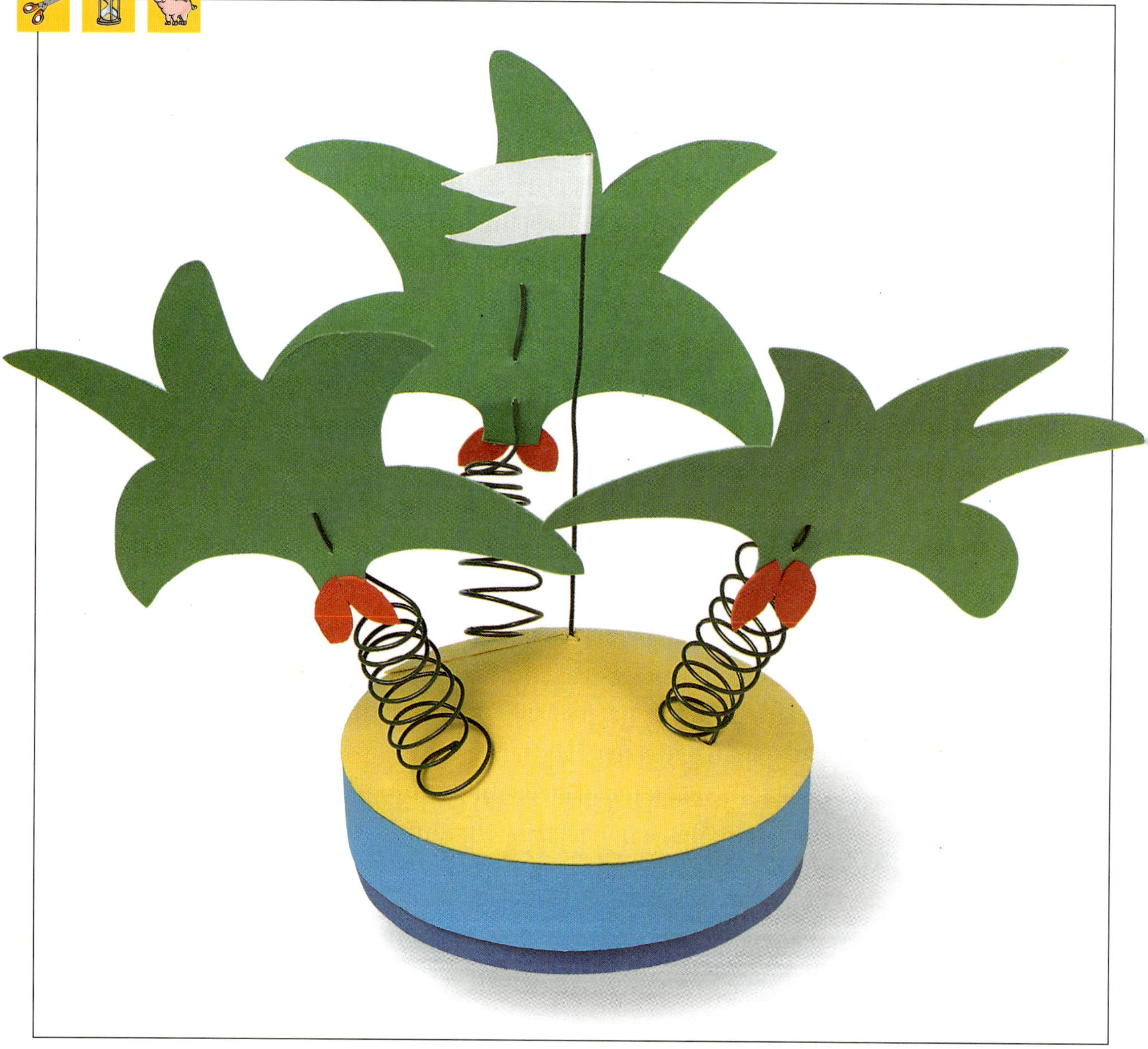

Matériel
boîtes à fromage rondes en bois, papiers de couleur, compas et ciseaux, colle, scotch, 132 cm de fil de fer vert et pince, patrons page 237 et page 245.

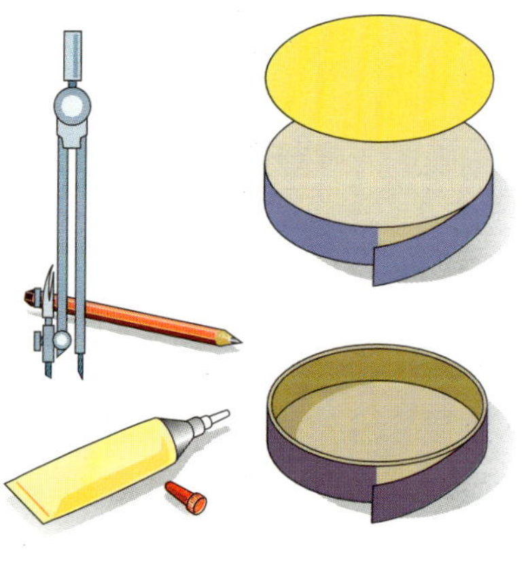

Boîte palmiers

1 Découper une bande bleu foncé et une bande bleu clair de la taille des deux couvercles. Les coller autour de la boîte.
Avec un adulte, tracer un cercle jaune de 11,5 cm de diamètre. Le découper aux ciseaux et le coller sur le dessus du couvercle.

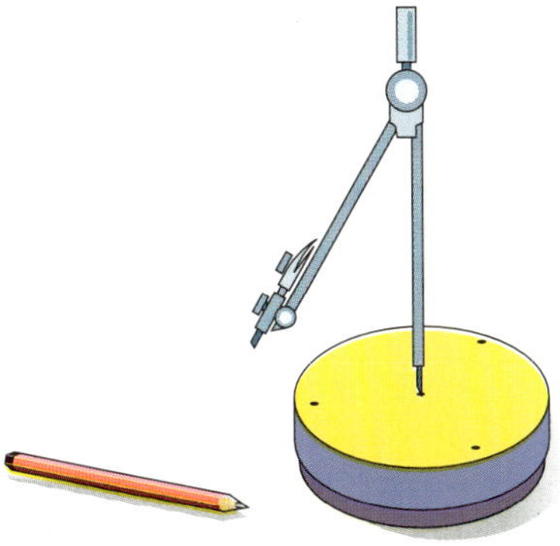

2 Avec la pointe du compas et l'aide d'un adulte, percer 1 trou au centre du couvercle et 3 trous tout autour du premier.

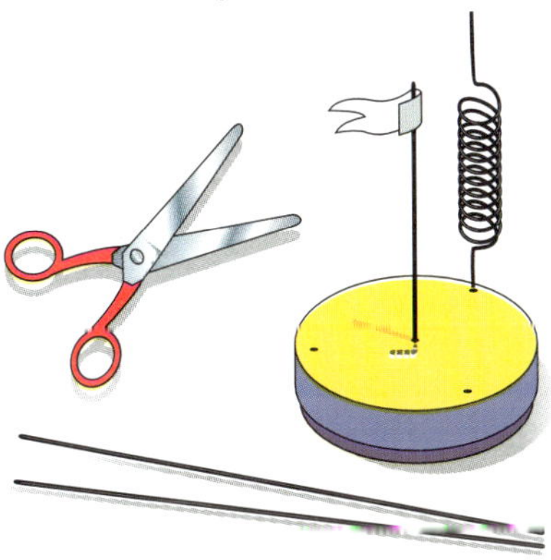

3 Enrouler 3 morceaux de fil de fer de 40 cm autour du doigt et former 3 ressorts.

Découper un fil de fer de 12 cm. Coller un drapeau en papier en haut. Piquer le fil de fer dans la boîte et le rabattre sous le couvercle. Maintenir avec un morceau de scotch.

4 Reporter et découper les patrons des palmiers et des noix de coco page 237. Faire deux trous dans les palmiers pour passer le fil de fer, coller les noix.

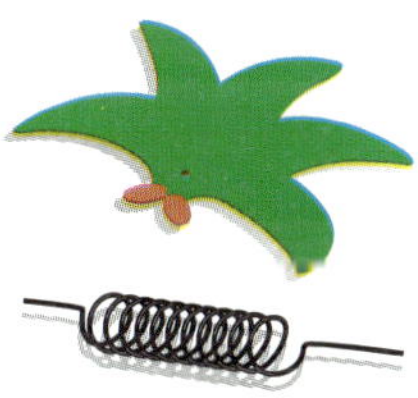

5 Planter les palmiers sur les ressorts et replier le fil de fer. Piquer les ressorts dans le couvercle et rabattre l'extrémité à l'intérieur de la boîte.

Boîte poissons

1 Reporter et découper le patron du grand poisson et des 6 petits poissons page 245 sur les papiers de couleur.

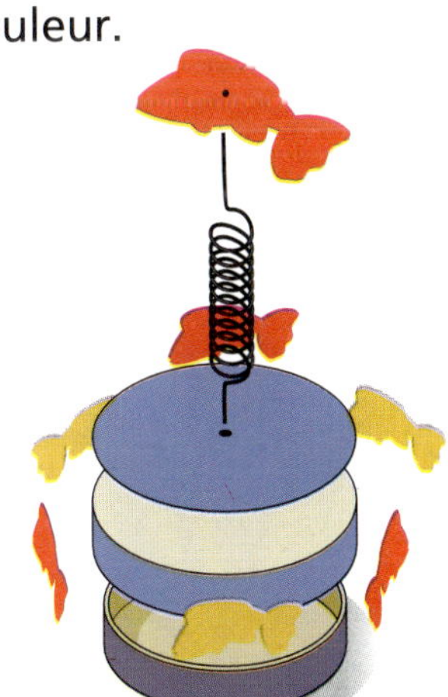

2 Couvrir la boîte de papier bleu. Procéder comme pour la boîte palmier. Faire un seul ressort et décorer le tour de la boîte.

Ardoises pense-bête

Matériel

ardoise d'écolier,
papiers adhésifs de couleur,
peinture rouge et pinceau,
crayon à papier, ciseaux,
patrons pages 242 et 243.

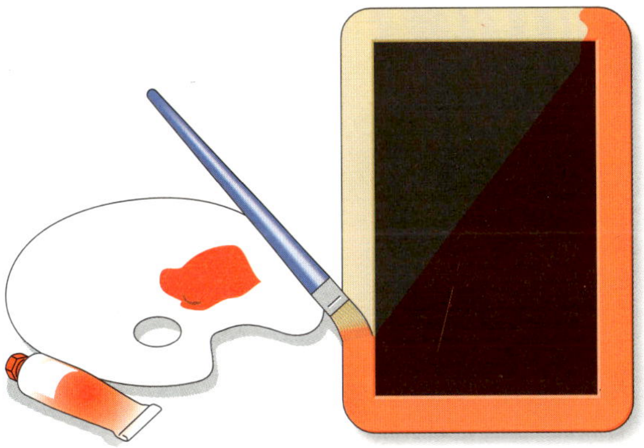

1 Peindre le tour de l'ardoise avec de la peinture rouge. Bien laisser sécher. Au besoin, appliquer une deuxième couche.

2 Découper les motifs jaunes et verts du cadre dans l'adhésif. Reporter le patron de l'herbe page 242 et la découper.

3 Coller l'herbe au bas de l'ardoise en chassant les bulles d'air. Coller ensuite les motifs autour de l'ardoise en les alternant.

4 Reporter et découper les patrons des poussins page 243 : corps jaunes, pattes bleues, yeux bleus et verts, becs rouges.

5 Coller délicatement et dans l'ordre : les pattes, les corps, les becs, les deux parties des yeux et chasser les bulles d'air.

Pots-animaux

Matériel
papier fort vert ou rouge 18 × 34 cm,
papier : noir, gris, rose, blanc, vert,
feutres,
règle et ciseaux,
crayon à papier,
colle,
patron page 243.

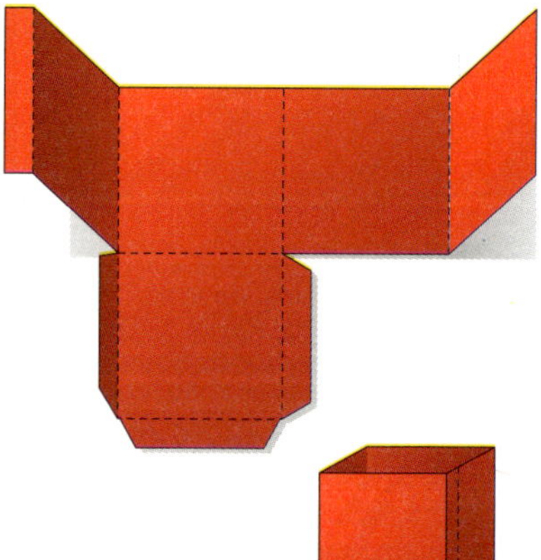

1 Reporter le patron de la boîte page 243 et la découper dans le papier vert ou rouge selon le modèle et les animaux choisis.

Assembler la boîte suivant le schéma et coller les languettes pour former le cube du pot à crayons. Maintenir le collage quelques minutes. Bien laisser sécher.

2 Reporter le patron de la tête page 243. Suivant l'animal choisi, ajouter des oreilles, des cornes, des yeux sur le patron et découper le tout.

Avec des feutres, colorier la tête de l'animal. Dessiner les yeux, les taches ou les rayures des animaux. Il est inutile de colorier les languettes.

3 Former un cône en collant la grande languette à l'intérieur de la tête de l'animal.

4 Reporter 3 autres têtes d'animaux pour les autres côtés de la boîte. Les découper et les colorier.

5 Former et coller tous les cônes. Replier les languettes et coller un animal au milieu de chaque face de la boîte. Remplir la boîte de feutres ou de crayons.

Chariot à pain

Matériel

1 petite cagette,
5 couvercles de boîtes à fromage, colle.

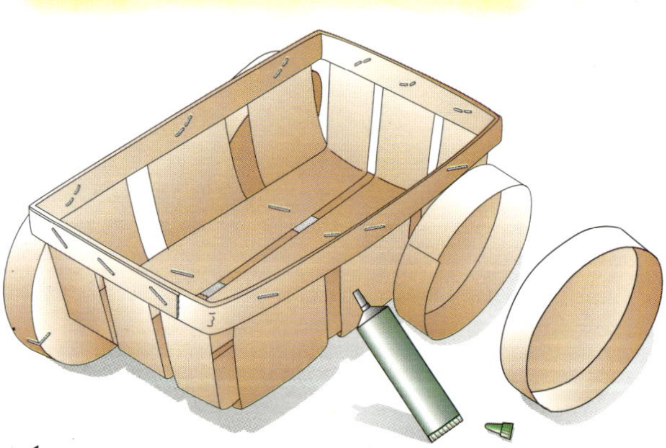

1 Coller les 4 couvercles de boîtes à fromage sur la cagette. Bien laisser sécher.

2 Détacher le tour du dernier couvercle. Le plonger dans l'eau pour l'aplatir.

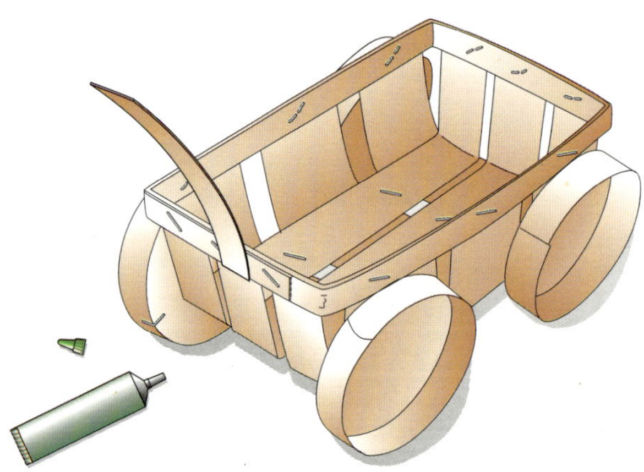

3 Faire sécher le tour du couvercle puis le coller à l'arrière du chariot pour faire un manche.

Porte-couteaux

Matériel

argile (ou pâte à modeler autodurcissante), un verre d'eau, rouleau à pâtisserie, emporte-pièce en métal ou en plastique, cure-dents.

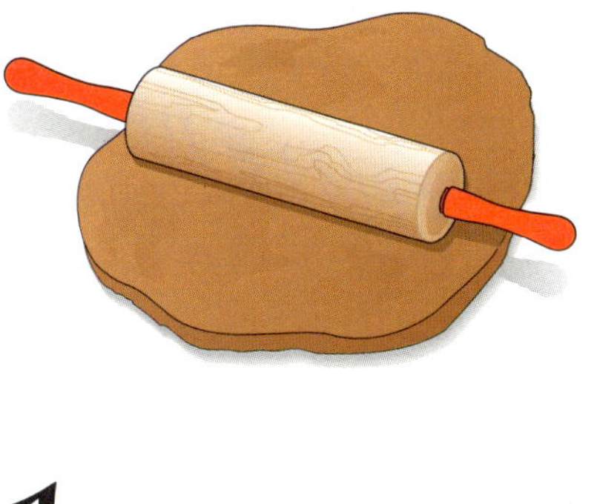

1 Former une boule d'argile et l'étaler au rouleau à pâtisserie.

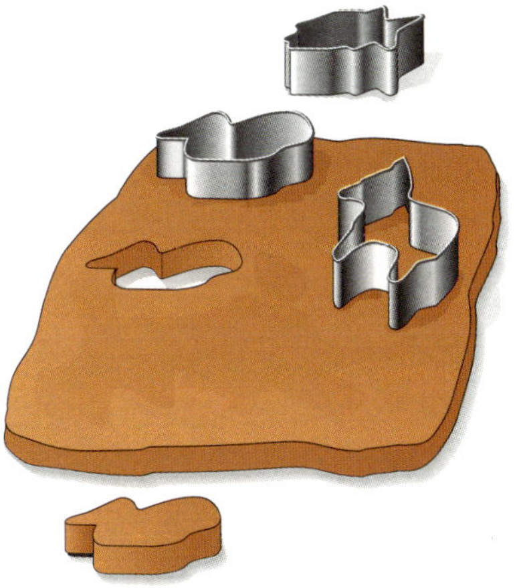

2 Appuyer fermement l'emporte-pièce sur la pâte. Découper différentes formes d'animaux.

3 Assembler les formes deux par deux en les piquant à chaque extrémité d'un cure-dent.

4 Si la pâte se fendille, lisser la surface en appliquant un peu d'eau du bout des doigts. Bien laisser sécher à l'air jusqu'au durcissement complet. Si le cure-dent est trop piquant, poncer ses extrémités avec un morceau de papier de verre.

Poules marque-places

Matériel

pâte à modeler blanche durcissant à l'air,
peinture : blanc, jaune, rouge, brun, orange,
pinceau fin,
1 cure-dent,
ciseaux,
1 verre d'eau,
bristol blanc,
feutre rouge fin.

1 Faire une boule de la taille d'une balle de ping-pong pour le corps et modeler les éléments de la poule suivant le schéma.

2 Assembler la tête sur le corps, puis les yeux sur la tête. Fixer la crête, les barbillons puis le bec. Souder les éléments entre eux avec une goutte d'eau appliquée avec le doigt.

3 Piquer les boules des yeux et le bec avec le cure-dent. Bien lisser le modelage et les jointures avec un peu d'eau.

4 Fixer les 2 ailes, les 2 pattes, les plumes. Souder les éléments avec un peu d'eau. Éliminer les irrégularités du modelage en lissant les poules avec un peu d'eau.

5 Bien laisser sécher en suivant les indications du fabricant. Peindre en commençant par le corps. Laisser sécher puis peindre les détails. Laisser sécher.

Découper un carré de bristol en festons. Dessiner un cadre au feutre fin et marquer le nom de l'invité. Glisser le carton dans la fente des plumes.

Pots à friandises

Matériel

papier fort blanc (18 × 34 cm), papiers de couleur, règle et ciseaux, crayon à papier, colle, compas, patron page 243.

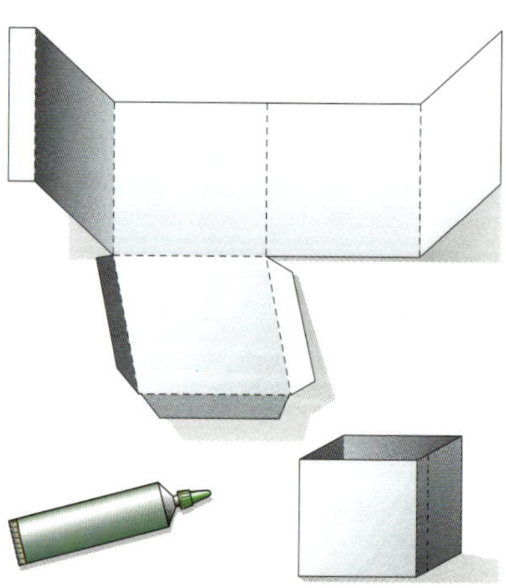

1 Reporter le patron de la boîte page 243 en l'agrandissant et la découper dans du papier fort blanc.

Assembler la boîte en suivant le schéma. Coller les languettes pour former le cube du pot à friandises.

Maintenir le collage quelques minutes. Laisser sécher.

2 Découper 4 triangles de différentes couleurs avec des languettes de 2 cm de large, suivant le schéma. Les coller à l'intérieur du cube.

3 Découper des bandes de 2 × 5 cm. Les plier en deux. Découper les bords en zigzag. Ouvrir les bandes et les coller sur les triangles.

4 Au compas, tracer 4 cercles de 6,5 cm de diamètre et de différentes couleurs. Les découper.

Pour un goûter ou une fête d'anniversaire, disposer des sucettes et des sucres d'orge dans le pot à friandises.

5 À l'intérieur de chaque cercle, dessiner une spirale au crayon à papier. Découper en suivant le tracé. Fixer une spirale sur chaque face de la boîte en ne collant que le début de la bande.

6 Dessiner et découper plusieurs motifs dans du papier de couleur : sapin, botte, lune, étoile, etc. Les découper et les coller sur le pot à friandises.

Jolis cache-œufs

Matériel
feutrine : rose clair, marron, vert, rose vif, rouge, orange, jaune, bleu,
ciseaux,
papier blanc fin ou calque,
stylo à bille, colle,
patrons page 242.

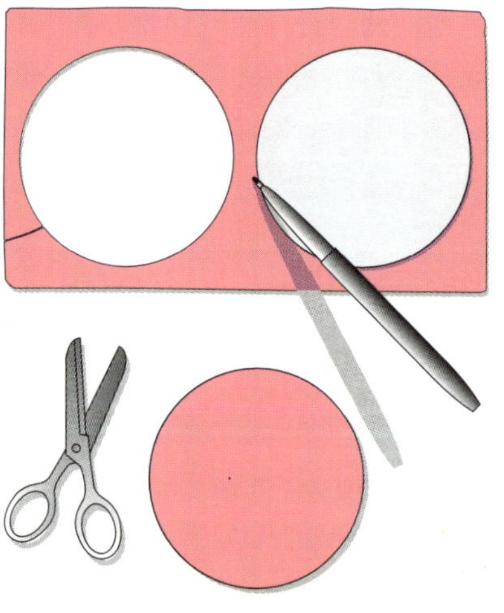

1 Reporter le patron du cercle de la tête du personnage page 242 au stylo à bille, puis le découper dans du papier blanc.

Reproduire deux fois le contour du cercle sur la feutrine rose clair. Découper les deux cercles. On peut aussi réaliser les cercles dans de la feutrine rose vif.

3 Coller les oreilles sur l'un des cercles. Déposer de la colle au bord en laissant une ouverture en bas. Assembler les deux cercles.

4 Coller les cheveux au dos du premier cercle. Laisser sécher et retourner.

2 Choisir un des personnages. Reporter sur du papier blanc tous les éléments de la tête (moustaches, nez, bouches, oreilles, yeux, pommettes, cheveux, franges, etc.) suivant le patron page 242. Les découper dans la feutrine.

5 Coller ensuite la frange, les yeux, le nez, la bouche et les moustaches sur l'autre cercle. Ajouter les détails. Placer le cache-œuf sur l'œuf à la coque pour le conserver au chaud.

Ronds de serviette

Matériel

rouleaux d'essuie-tout et élastique, papier journal, papier mâché : voir page 9, cordelette, boules de cotillon, règle, cutter, ciseaux, colle, crayon à papier et gomme, papier de verre fin, peinture et pinceaux.

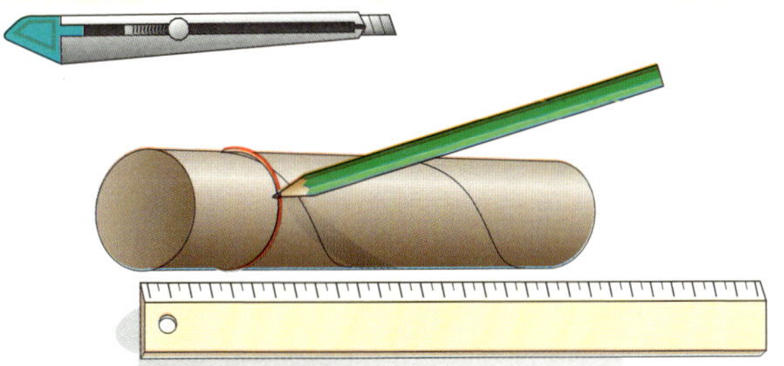

1 Passer un élastique à 4 cm de l'extrémité du rouleau d'essuie-tout. Marquer le tour du rond de serviette au crayon et découper.

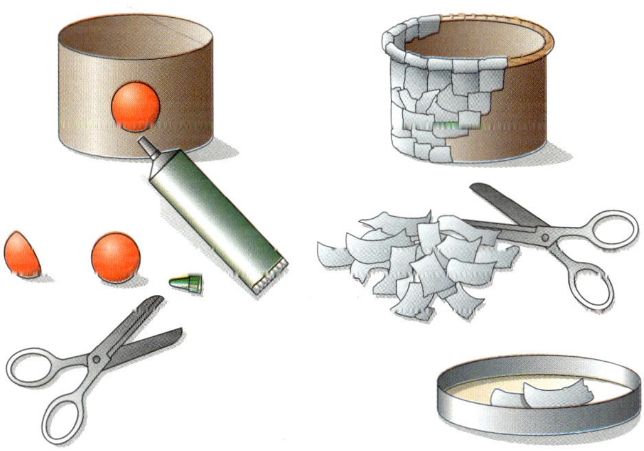

2 Pour les modèles en volume, coller de la cordelette ou des demi-boules de cotillon. Recouvrir le tout de petits morceaux de papier journal trempés dans la colle à papier mâché. Appliquer 2 couches.

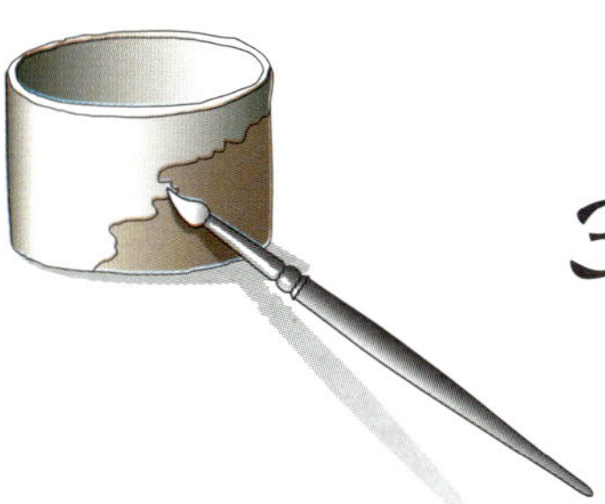

3 Laisser sécher la colle une nuit. Peindre en blanc. Laisser sécher.

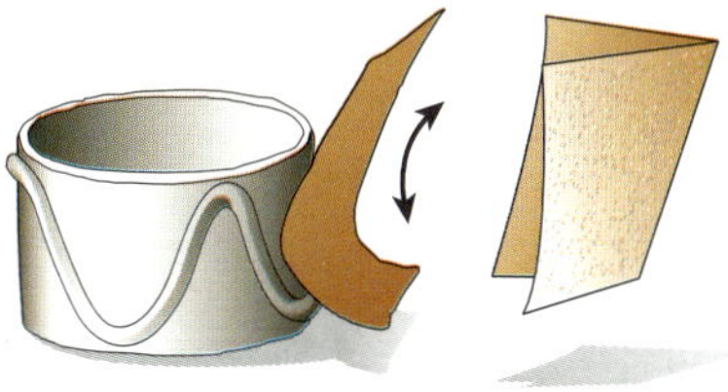

4 Peindre l'intérieur des ronds de serviette. Laisser sécher et au besoin poncer puis appliquer une seconde couche. Tracer les motifs au crayon. Les peindre au pinceau fin en appliquant une seconde couche. Laisser sécher.

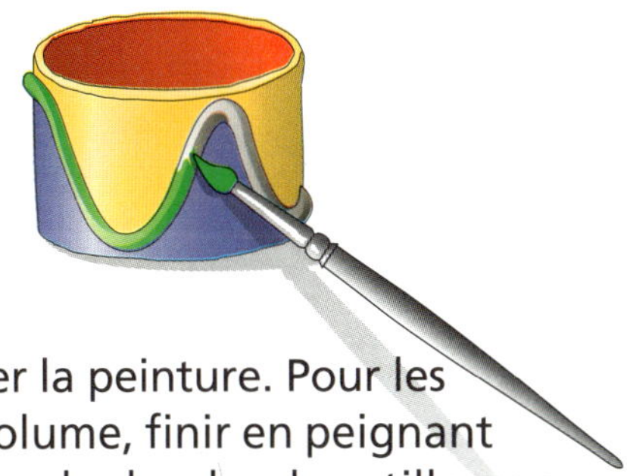

5 Compléter la peinture. Pour les modèles en volume, finir en peignant la cordelette ou les boules de cotillon en prenant garde à ne pas dépasser. Bien laisser sécher.

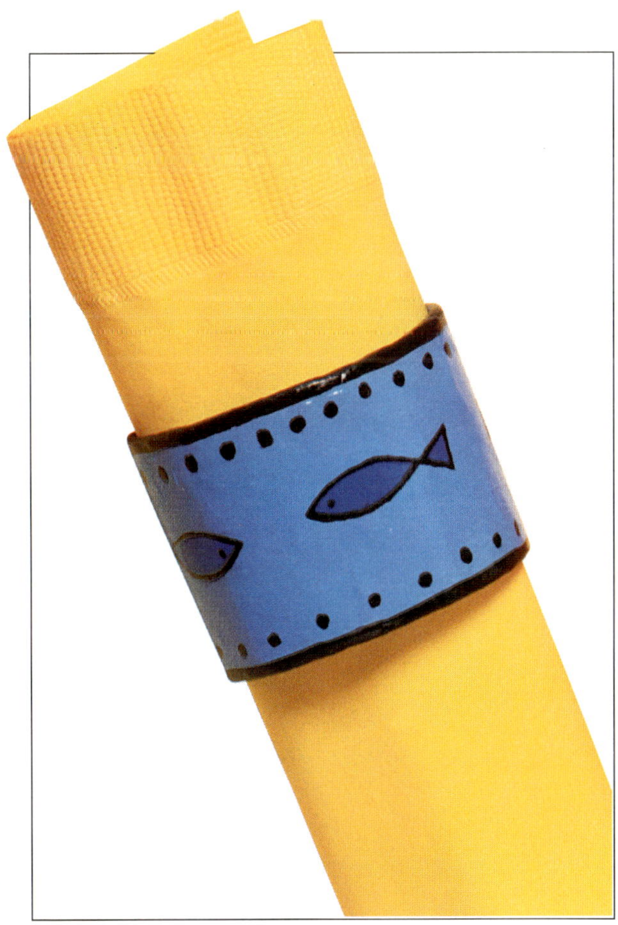

Table de papier

Matériel

2 feuilles de papier de couleur de 25 × 33 cm, chutes de papier de couleur, scotch, crayon à papier, ciseaux.

Sets de table

1 Déchirer la première feuille en bandes irrégulières dans la longueur. Numéroter les bandes au fur et à mesure au crayon.

Les fixer à une extrémité avec le scotch. Déchirer la deuxième feuille de la même façon en numérotant les bandes.

2 Effectuer le tissage en passant les bandes les unes dans les autres, une fois dessus, une fois dessous.

3 Ajuster les extrémités des bandes qui dépassent. Les replier sous le set en les glissant sous les bandes de papier au bord du set.

Sous-verre

1 Placer deux papiers de couleurs différentes l'un sur l'autre.

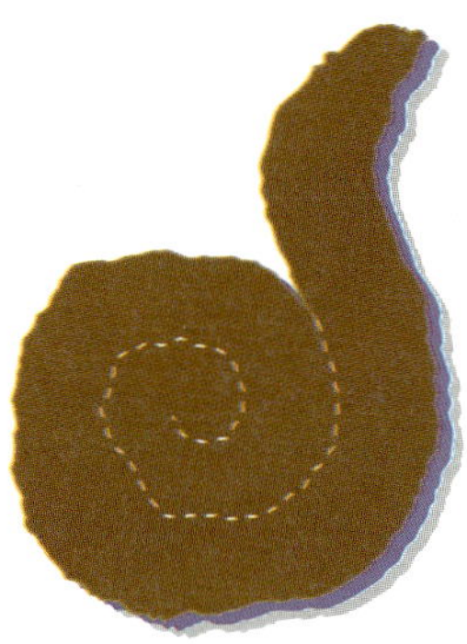

2 Les déchirer ensemble pour former un rond. Les déchirer à nouveau pour créer une spirale irrégulière.

3 Enchevêtrer les spirales en les opposant suivant le schéma. Si nécessaire, appliquer un point de colle pour les maintenir.

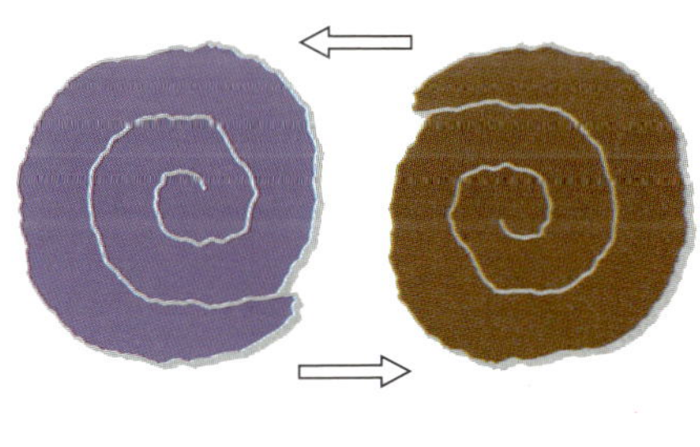

Pour une table de fête, choisir de la vaisselle assortie aux sets de table et aux sous-verre.

Bougeoirs en plâtre

Matériel

plâtre (se reporter aux indications du fabricant), carton ondulé et carton épais, scotch de peintre, papier de verre fin, peinture acrylique et pinceaux, bouchons en fer ou en plastique, crayon à papier, patrons page 244.

Attention : veiller à ne jamais laisser une bougie allumée sans surveillance.

Dessiner des motifs simples : poire, maison, bateau..., pour créer d'autres bougeoirs en plâtre.

1 Reporter le patron choisi page 244 sur du papier. Le découper aux ciseaux. Tracer le contour du motif sur du carton épais au crayon à papier.

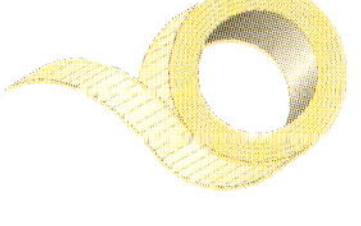

2 Découper une bande de carton ondulé d'environ 3 × 30 cm. La fixer tout autour du contour du dessin avec le scotch de peintre pour fabriquer un moule.

3 Préparer le plâtre. Bien remuer et verser dans le moule. Enfoncer un bouchon au centre du bougeoir. Secouer pour chasser les bulles d'air.

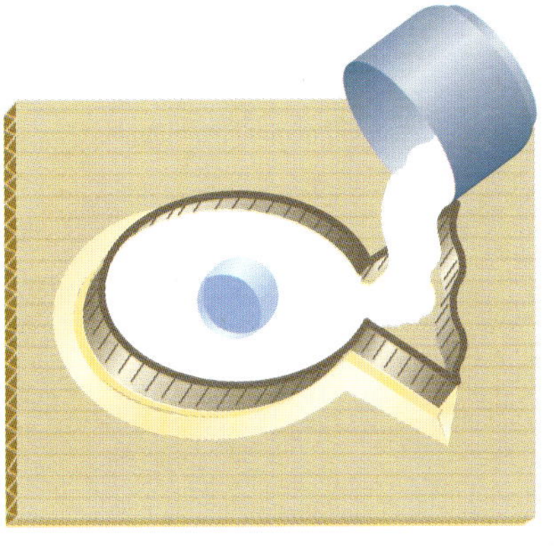

4 Laisser durcir 3 h. Enlever le scotch et le carton support. Demander à un adulte d'ôter le bouchon avec un couteau. Poncer et peindre.

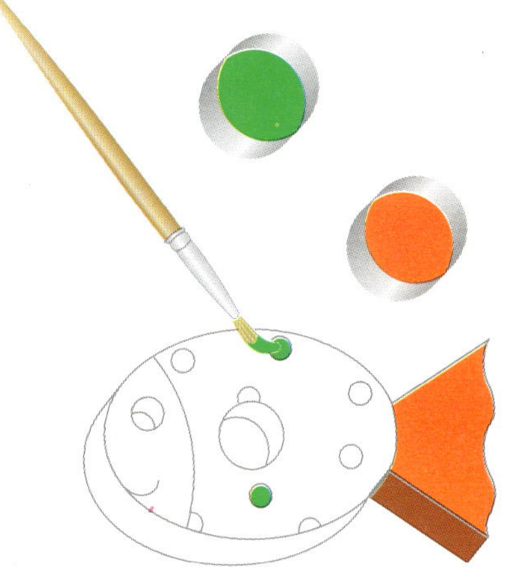

Vase marin

Matériel

1 grand carton blanc,
cutter et ciseaux, crayon,
carton de récupération,
1 bocal en verre assez haut,
peinture et pinceaux,
colle, agrafes, scotch fort,
patron page 241.

1 Agrandir deux fois le patron du marin page 241 et le reporter en double en l'inversant sur du carton. Faire découper les 2 silhouettes au cutter par un adulte.

2 Peindre les pulls et les chaussures, terminer par le bonnet. Bien laisser sécher.

3 Découper une bande de carton de 3 cm de large un peu plus longue que le tour du bocal. L'ajuster sur le bocal, coller ses extrémités.

4 Ôter délicatement la bande du bocal. Consolider le collage avec des agrafes.

5 Coller la bande sur le marin. Consolider avec du scotch fort. Procéder de la même façon pour l'autre marin. Laisser sécher. Placer le bocal dans sa ceinture.

Une autre idée avec un pull rayé!

Pêle-mêle

Matériel

carton,
cutter et ciseaux,
crayon à papier,
peinture,
pinceaux,
colle,
punaises, attache pour tableau.

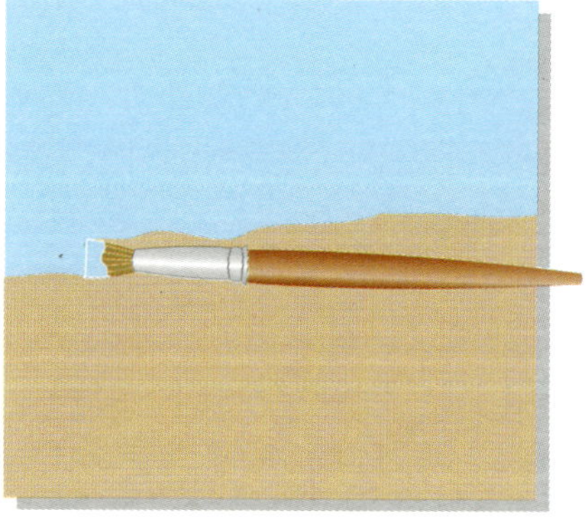

1 Choisir un carton de récupération assez large et assez haut pour pouvoir accrocher des messages ou des petits dessins.
Demander à un adulte de le découper au cutter. Peindre le fond en bleu ciel au pinceau large.
Bien laisser sécher et appliquer une deuxième couche de peinture.

2 Au bas du carton, tracer au crayon à papier la ligne des vagues. Peindre la mer en bleu foncé. Laisser sécher et appliquer une deuxième couche.

D'autres motifs marins

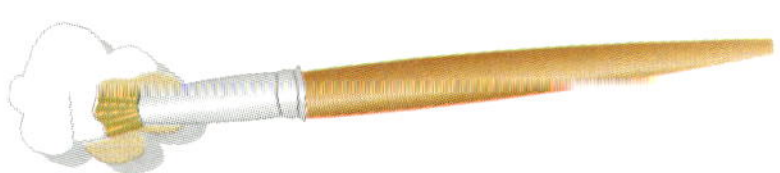

3 Dans les chutes du carton, dessiner 4 nuages. Les faire découper par un adulte et les peindre en blanc.

4 De la même façon, dessiner et découper un soleil sur le carton. Le peindre en jaune vif.

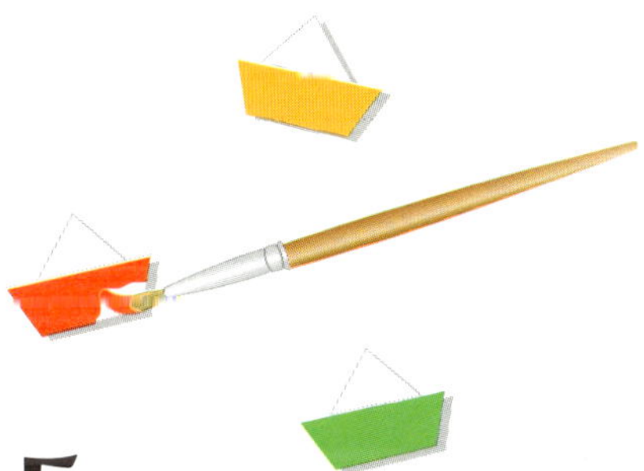

5 Dessiner et découper 3 bateaux identiques dans le carton. Peindre les coques avec des couleurs vives et les voiles en blanc. Laisser sécher.

6 Bien laisser sécher tous les éléments. Coller le soleil, les nuages et les 3 bateaux.

7 Accrocher des messages sur le pêle-mêle avec des punaises de couleur. Coller une attache en toile gommée au dos du pêle-mêle marin pour pouvoir le suspendre. Laisser sécher et accrocher.

Pots en verre décorés

Matériel
bouteille, bocaux, pots de confiture ou de yaourt, peinture vitrail de différentes couleurs, pinceaux.

Attention : ne pas peindre l'intérieur des pots si l'on souhaite les utiliser pour un usage alimentaire.

1 Laver et bien essuyer le support choisi. Appliquer tout d'abord la couleur de fond sur tout le verre ou sur une partie seulement en suivant les indications du fabricant.

3 Pour les pots de confiture ou de yaourt, choisir des motifs simples ou décorer le fond de touches appliquées du bout du pinceau.

4 Ajouter les derniers détails. Si le bocal a un couvercle, le décorer dans des tons assortis. Bien laisser sécher les pots.

Si l'on ne sait pas dessiner, peindre des motifs à l'aide de pochoirs vendus dans les boutiques de loisirs créatifs.

2 Peindre les motifs de la bouteille au pinceau fin. Laisser sécher chaque couleur avant d'appliquer la suivante et veiller à tenir le pinceau fermement.

Vitraux de la mer

Matériel

papier bleu,
feuilles de calque,
feutres,
gommettes,
crayon à papier,
ciseaux, colle,
crayon blanc,
scotch,
patrons page 245.

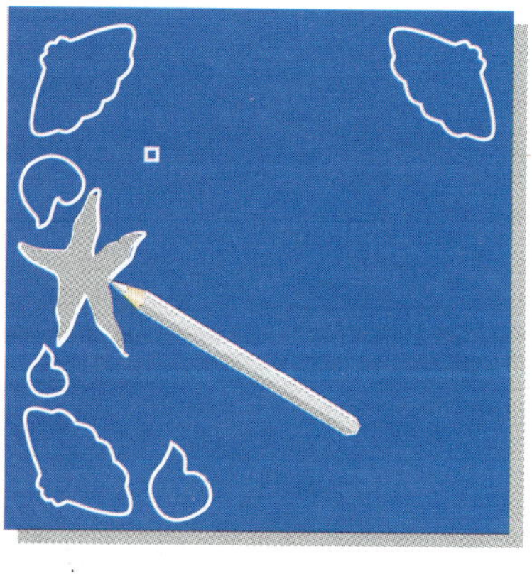

Vitrail aux coquillages

1 Au crayon à papier, reporter les patrons des coquillages page 245 sur du calque. Les découper. Les reporter au crayon blanc sur une feuille bleue de 21 × 21 cm en les disposant comme sur la photo ou à sa guise.

2 Faire évider les coquillages au cutter par un adulte.

3 Fixer une feuille de calque légèrement plus petite au dos de la feuille bleue avec de la colle.

4 Colorier tous les coquillages au feutre. Retourner la feuille. Fixer le vitrail sur une vitre avec du scotch.

Vitrail aux poissons

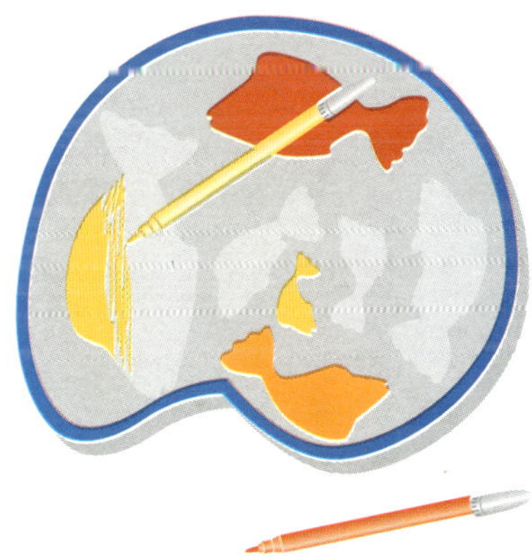

1 Pour le vitrail aux poissons, dessiner et découper une coquille d'escargot sur une feuille bleue. Reporter les patrons des poissons page 245 au crayon blanc. Les faire évider par un adulte.

2 Découper et fixer une feuille de calque légèrement plus petite derrière la feuille bleue. Colorier les poissons au feutre.

Retourner la feuille. Coller des gommettes blanches pour les yeux des poissons, et faire un point noir au milieu.

Maison porte-clés

Matériel

carton de récupération,
crayon à papier et règle,
peinture, colle, cutter,
pinceaux : fin et large,
9 vis à bois (30 × 3), tournevis,
1 clou fin et 1 marteau.

1 Reporter au crayon chaque pièce du plan de montage sur du carton de récupération. Les faire découper par un adulte au cutter.

2 Peindre le fond en rose, le grand rectangle et le triangle du toit en jaune. Bien laisser sécher. Coller ces éléments.

3 Peindre les fenêtres en bleu, la porte, les volets en vert et orange. Laisser sécher. Coller les éléments.

4 Bien laisser sécher la colle. Demander à un adulte de faire 9 trous avec le clou fin aux endroits indiqués par des croix rouges sur le plan de montage ci-dessous. Procéder délicatement pour ne pas abîmer la peinture.

5 Avec le tournevis, enfoncer les 9 vis. Celle placée au sommet de la maison doit traverser toute l'épaisseur du carton ; les autres ne doivent pas être visibles derrière le carton.

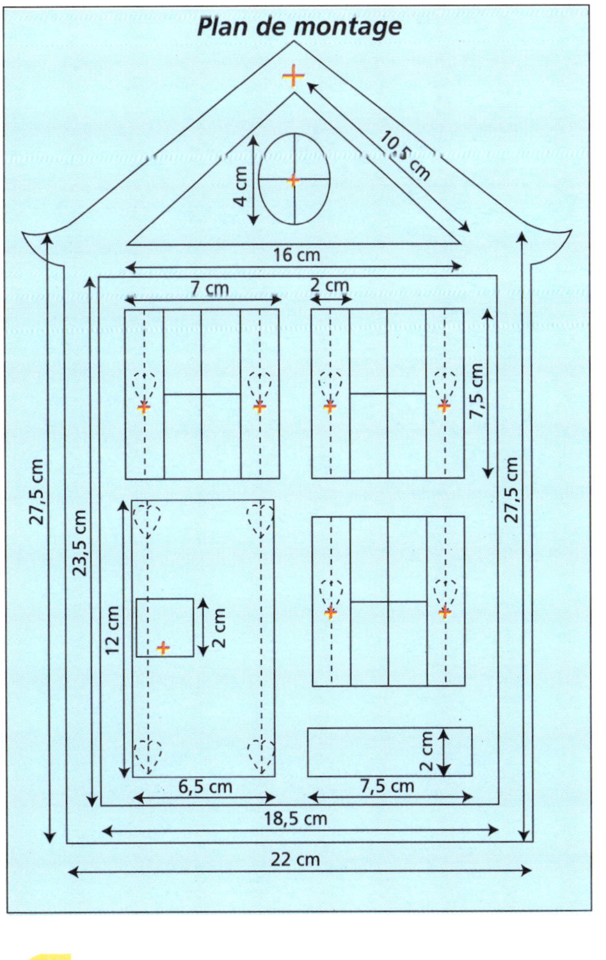

Couronne de la vigne

Matériel
papier fort
(30 × 30 cm)
jaune, blanc et
papier de couleur,
boules de cotillon,
peinture, pinceau,
pique en bois,
compas, cutter,
crayon blanc,
patrons page 254.

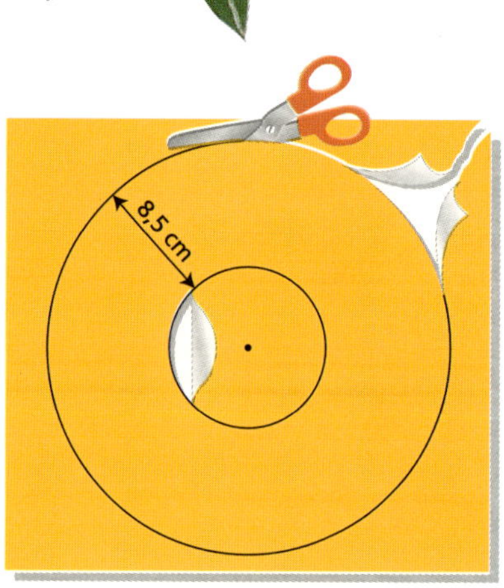

1 Tracer au compas un cercle jaune de 5,5 cm de rayon et toujours du même point, un cercle de 14 cm de rayon. Le découper. Demander à un adulte d'évider le centre au cutter. Sur du papier blanc, tracer un cercle de 5,5 cm de rayon et toujours du même point un cercle de 14,5 cm de rayon. Découper cette couronne.

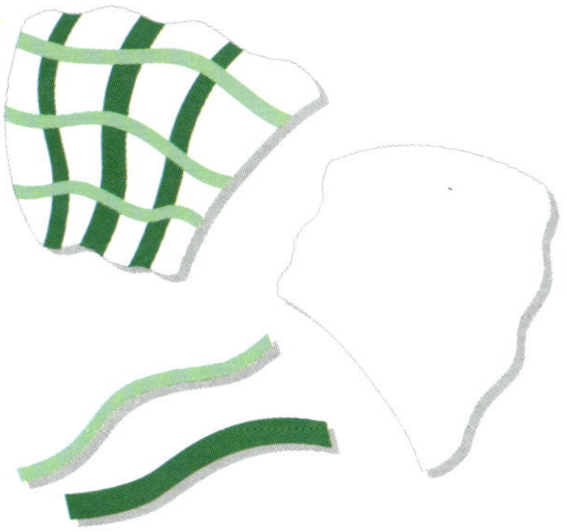

2 Découper 4 formes irrégulières dans la couronne blanche.

Puis découper des bandes ondulées vert clair et vert foncé. Les coller sur les formes blanches en formant un quadrillage. Recouper éventuellement.

Coller une attache en toile gommée derrière la couronne pour pouvoir l'accrocher.

3 Disposer et coller les formes blanches décorées de chaque côté de la couronne en papier.

4 Découper les 4 tiges irrégulières des grappes de raisin dans le papier marron et les coller à cheval sur les parties jaunes et blanches de la couronne.

5 Reporter et découper suivant le patron page 254 les 4 petites feuilles vertes et les 4 grandes.

Dessiner les nervures au crayon blanc. Coller les feuilles sur les parties jaunes.

6 Peindre 40 boules de cotillon en vert et 40 boules en rouge en les piquant sur une pique en bois. Laisser sécher. Les coller par groupes de 20 boules sur les parties jaunes pour former les grappes de raisin.

Pour jouer et s'amuser, voici des idées pour réaliser des jeux et jouets astucieux, pour s'occuper tout seul ou à plusieurs. Les enfants trouveront de nombreux conseils pour jouer seul et réaliser des petites poupées en laine, des moulins à vent, des parachutistes, un dragon articulé ou tout un village indien en papier...

Et pour jouer à plusieurs, les enfants fabriqueront des mini-marionnettes, un jeu de massacre, des mini-voitures ou des avions en papier. De très bons après-midi de jeux en perspective.

Jeux et jouets

Petites poupées

Matériel

pelotes de laine
ou brins de raphia,
ciseaux,
colle,
perles de couleur.

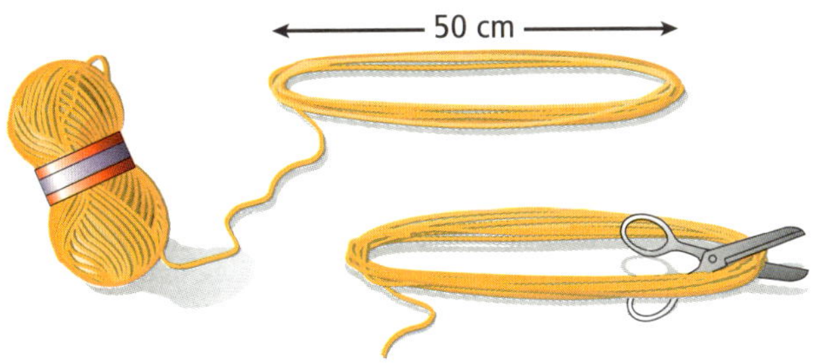

1 Préparer des longueurs de laine d'environ 50 cm pour obtenir une bonne épaisseur. Couper les extrémités des écheveaux.

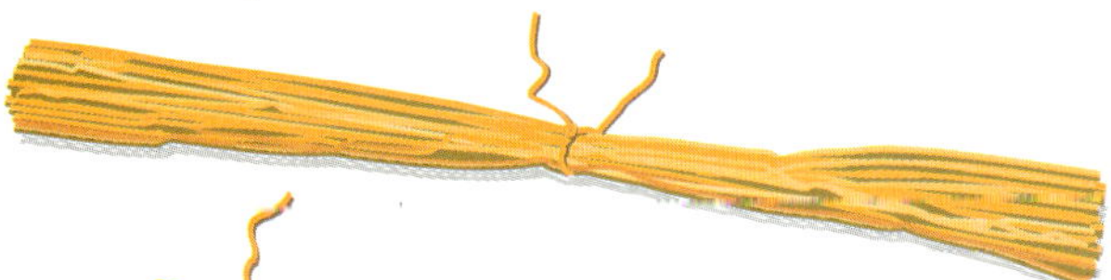

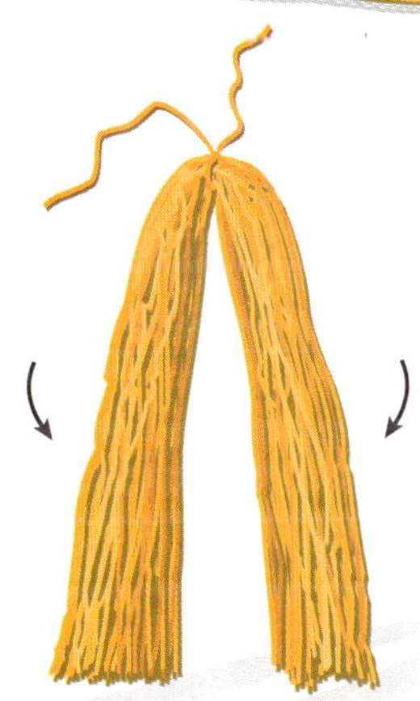

2 Nouer un brin de laine au milieu des mèches. Former au moins deux nœuds très serrés. Rassembler la laine en pliant les mèches en deux pour fabriquer la forme principale du corps de la poupée.

3 Attacher un autre brin de laine à 3 cm du premier nœud pour former la tête de la poupée. Séparer la laine en 3 parties pour former les bras et le corps. Nouer les bras.

4 Préparer des longueurs de laine de couleur différente d'environ 10 cm. Les couper au milieu. Nouer un brin de laine à une extrémité. Séparer la laine en 2 mèches.

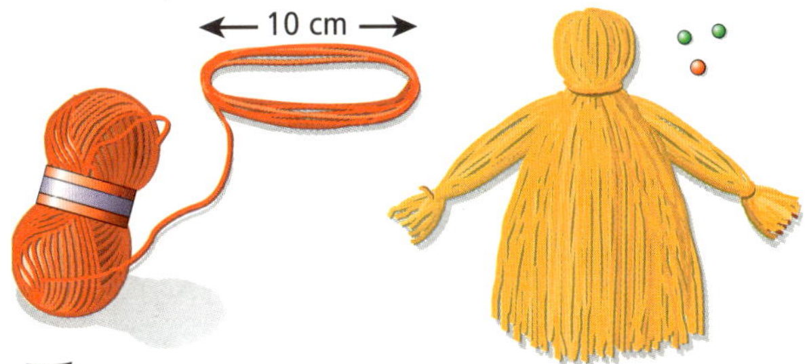

5 Nouer un brin de laine au bout des jambes. Poser un point de colle en haut du pantalon puis le glisser dans le corps. Maintenir le collage. Enfiler des perles sur la poupée et en coller pour faire les yeux et la bouche.

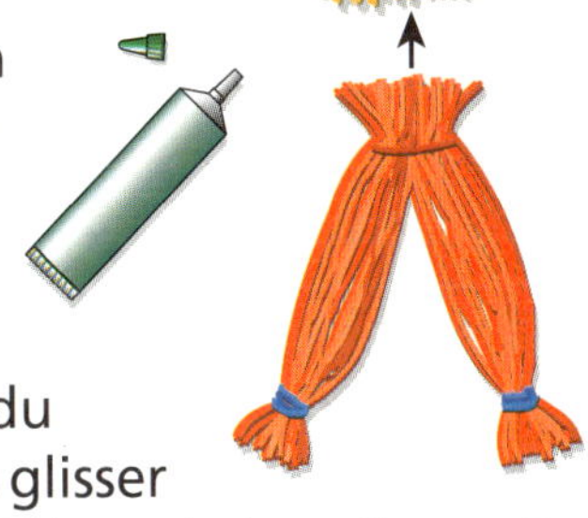

Moulins à vent

Matériel

papiers de couleur, règle, ciseaux, crayon à papier, gommettes, pique en bois, peinture, pinceau, bouchon de liège, épingle.

Fabriquer plusieurs moulins à vent de couleurs vives. Les piquer dans des pots de fleurs ou de plantes vertes.

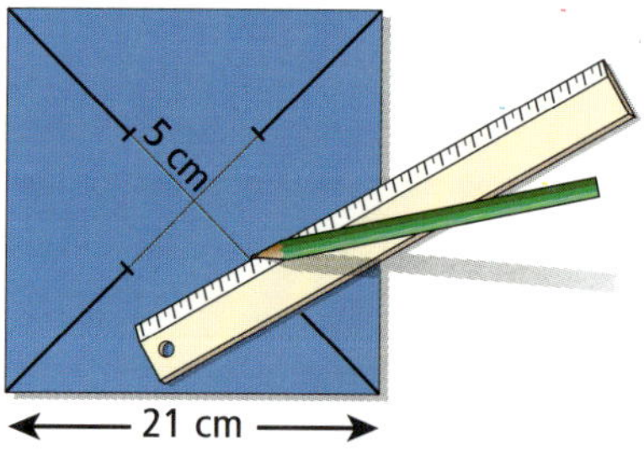

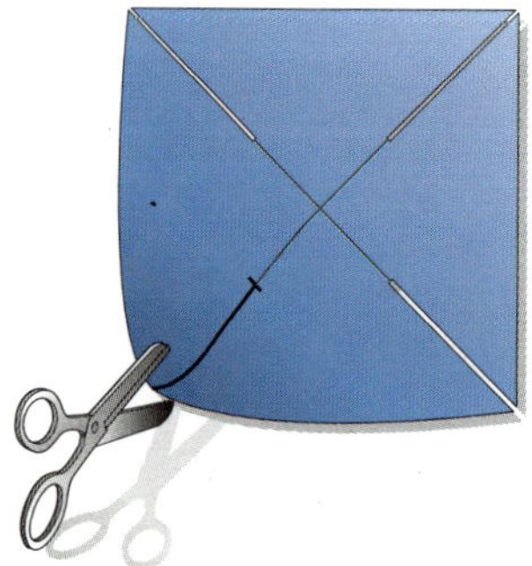

1 Découper un carré de 21 cm de côté. Tracer les diagonales. Les marquer à 5 cm du centre. Découper sur les diagonales de l'extérieur de la feuille jusqu'aux emplacements indiqués.

2 Plier les ailes. Fixer une gommette autocollante à l'arrière des ailes du moulin. Fixer une autre gommette sur l'avant. Décorer le tout.

3 Peindre une pique en bois ou un bâtonnet long et fin. Bien laisser sécher. La planter ensuite dans le bouchon de liège.

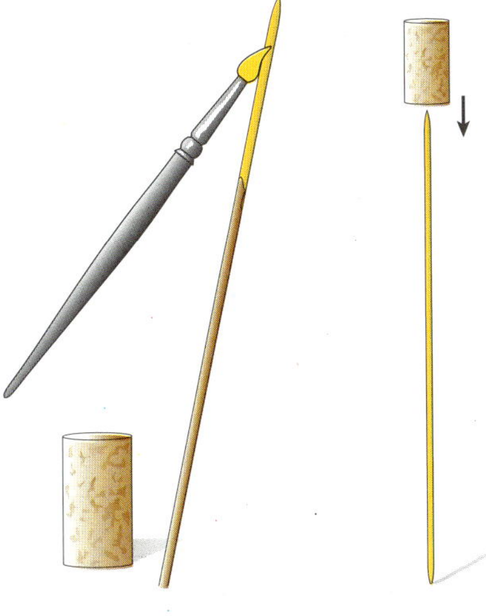

4 Enfoncer une épingle dans la gommette centrale en la laissant dépasser à l'arrière du moulin. La planter dans le bouchon.

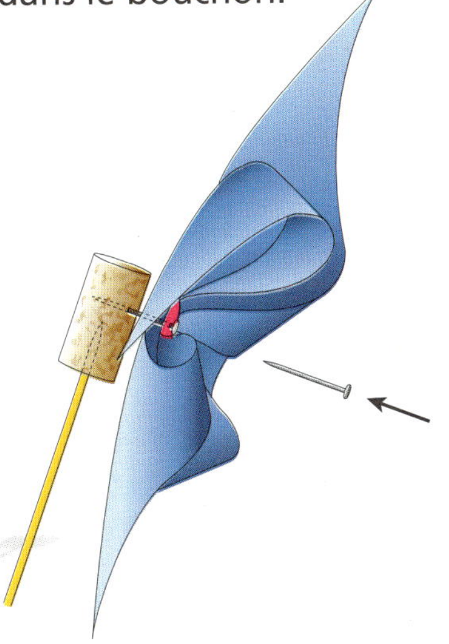

Château fort

Matériel

boîte à chaussures,
4 rouleaux d'essuie-tout,
carton, crayon à papier,
ciseaux et cutter,
papier rouge, cure-dents,
peinture et pinceaux, colle.

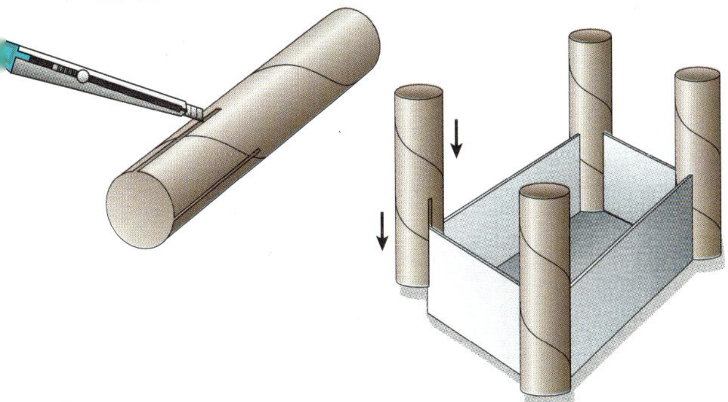

1 Dans les tubes d'essuie-tout, faire découper par un adulte 2 encoches de la hauteur de la boîte à 5 cm de distance. Fixer les tours.

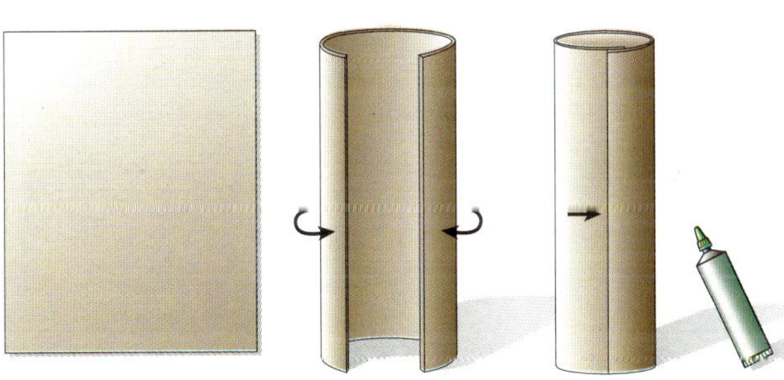

2 Découper un rectangle de carton de 21 × 26 cm. L'enrouler et le coller pour former le cylindre de la tour du donjon.

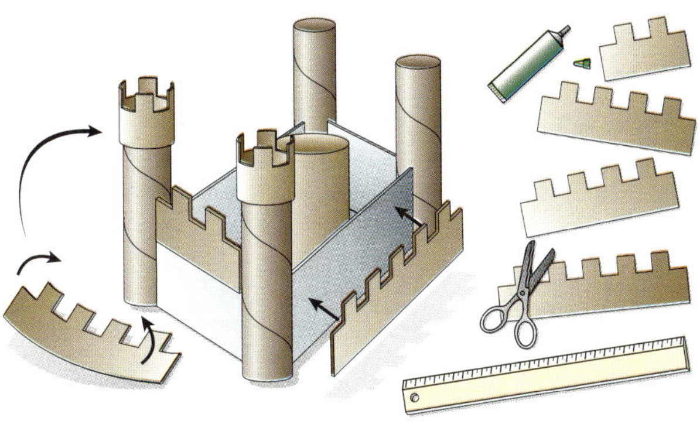

3 Découper des bandes de carton de 6 cm de haut et de 10 cm, 18 cm ou 22 cm de long. Les découper tous les 2 cm et les coller.

4 Découper 2 bandes de 2 × 9,5 cm et 2 autres bandes de 2 × 21,5 cm dans le carton. Les coller à l'intérieur de la boîte entre les 4 tours pour pouvoir disposer des jouets. Maintenir le collage et laisser sécher.

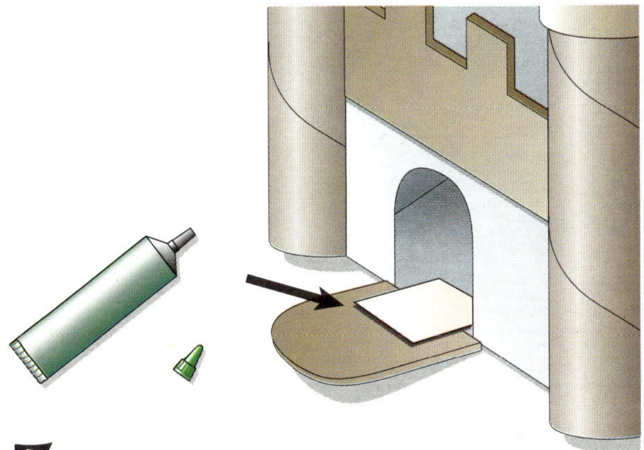

5 Demander à un adulte d'évider une porte sur un des côtés de la boîte. Dans un carton, découper une porte plus large que l'ouverture. La fixer en collant un morceau de papier, à cheval sur la porte et sur le fond de la boîte.

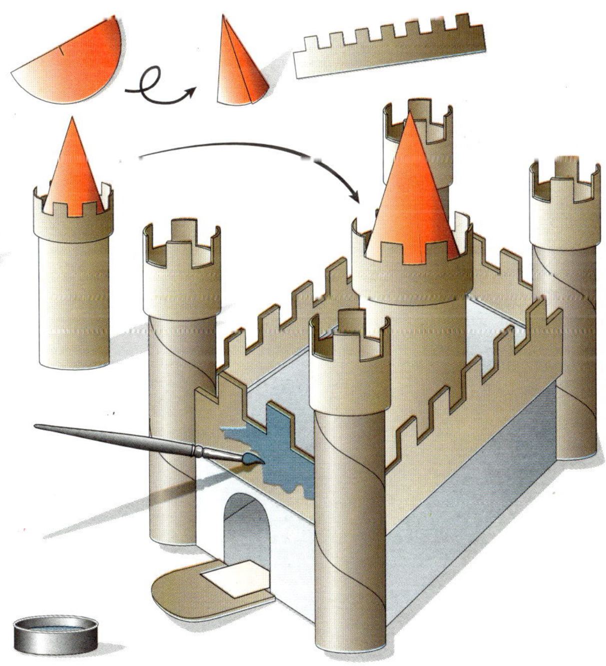

6 Découper un demi-cercle de 11 cm de rayon dans le papier rouge. Former un cône et le coller en haut du donjon. Découper un petit drapeau en papier. Le coller sur un cure-dent et le glisser en haut du cône. Peindre le château. Bien laisser sécher.

Drôles d'insectes

Matériel

pinces à linge
en bois,
colle forte,
règle,
crayon à papier,
peinture,
boules de cotillon,
papier, ciseaux.

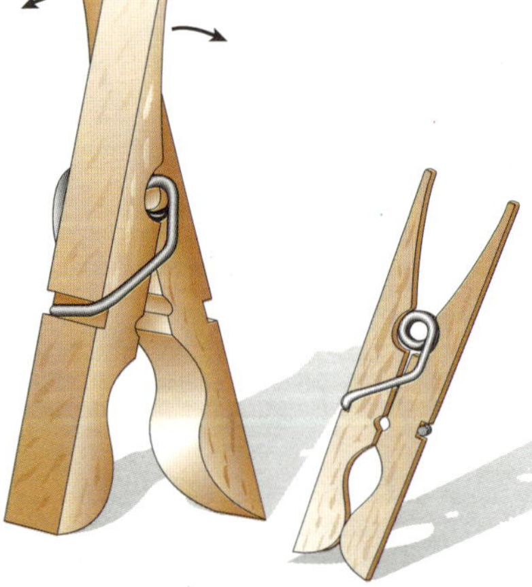

1 Le plus simple est d'acheter des pinces à linge déjà décortiquées, c'est-à-dire des demi-pinces. On peut se les procurer dans les magasins de loisirs créatifs. Si on ne dispose que de pinces complètes, les tourner dans le sens opposé au ressort. Faire attention à ne pas se piquer le doigt en enlevant le ressort.

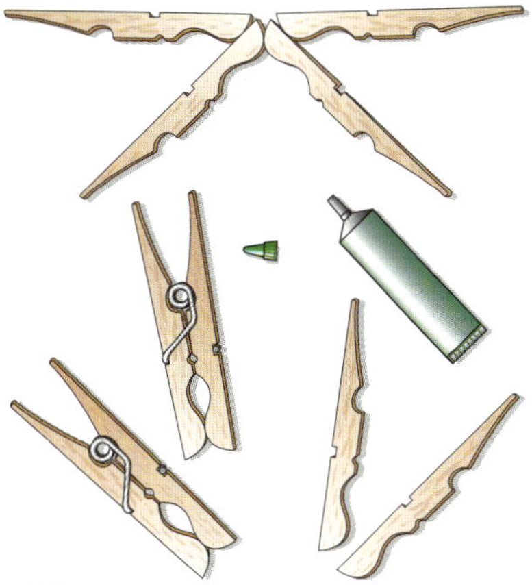

2 Fabriquer les ailes des libellules et des moustiques en assemblant 4 demi-pinces horizontalement ou verticalement. Maintenir le collage et laisser sécher.

Ces drôles de moustiques en pinces à linge sont totalement inoffensifs et ne piquent pas.

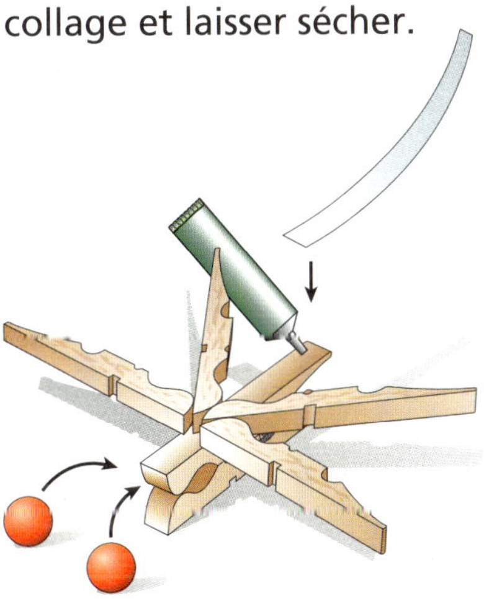

3 Pour faire le corps, coller une pince à linge sous les ailes des insectes. Laisser sécher. Fixer une demi-pince à linge sur le dos du moustique et une grande bande de papier de 10 cm de long sur le dos de la libellule.

4 Fabriquer les yeux des libellules en collant 2 boules de cotillon. Pour le moustique, découper puis coller sous le corps 6 pattes en papier de 9 cm de long et 2 mm de large.

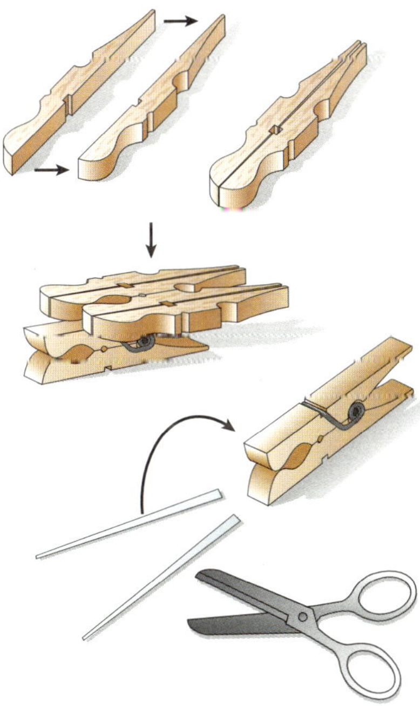

5 Pour fabriquer les criquets, coller 4 demi-pinces dos à dos et les fixer sur le dessus d'une pince à linge. Découper 2 antennes en papier. Les coller sur la tête du criquet.

6 Pour la sauterelle, coller 2 demi-pinces de chaque côté d'une pince à linge. Découper 2 grandes antennes en papier et les coller sur la sauterelle.

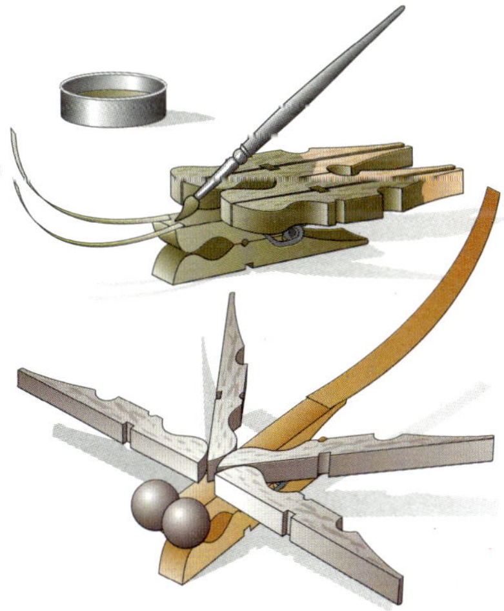

7 Bien laisser sécher les insectes. Les peindre avec de la peinture assez diluée dans des tons naturels. Bien laisser sécher la peinture.

Personnages rigolos

Matériel
œufs en styropor,
peinture et pinceaux,
chenilles,
crayon à papier,
feutrine, ciseaux,
ciseaux crantés,
plaques de mousse,
perforatrice,
yeux mobiles,
colle.

Pour éviter d'acheter des yeux mobiles, découper des petits cercles dans la mousse et les coller sur le visage.

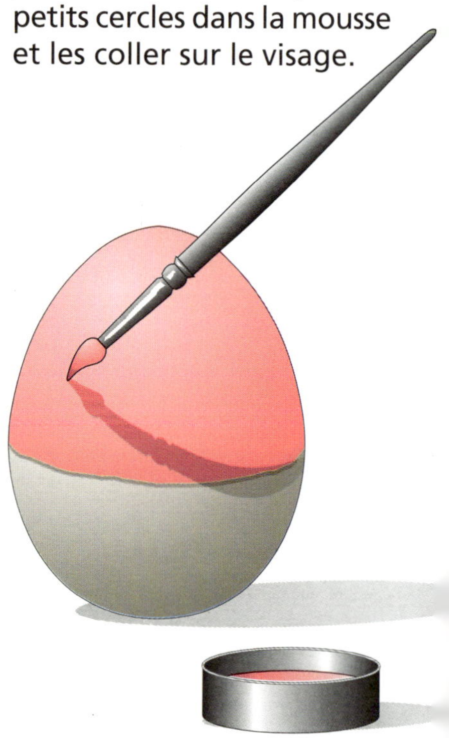

1 Peindre la moitié de l'œuf en rose en le tenant par le bas entre le pouce et l'index. Bien laisser sécher. Peindre l'autre moitié. Si nécessaire, appliquer une deuxième couche.

2 Pour faire les cheveux, découper un ou deux brins de chenille. Les enrouler autour d'un crayon pour former une spirale.

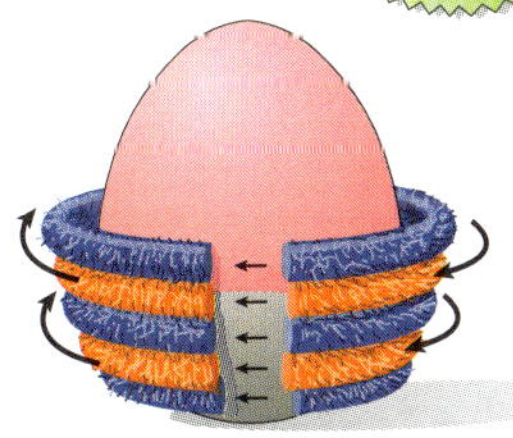

3 Pour faire la jupe de la fillette, découper avec des ciseaux crantés un rond dans la feutrine puis un autre plus petit au centre, de la largeur de l'œuf.

Pour fabriquer le pull rayé du garçon, enrouler des brins de chenille autour de l'œuf et les piquer à l'arrière du personnage.

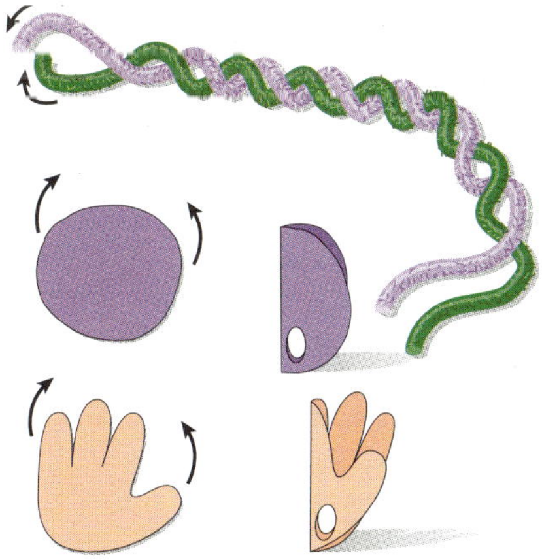

4 Fabriquer les bras et les jambes en torsadant 2 brins de chenille. Dessiner et découper les pieds et les mains dans la mousse. Les perforer.

5 Fixer les membres des personnages en les piquant dans l'œuf. Faire 2 trous dans la jupe pour passer les bras. Décorer les visages.

Village indien

Matériel

piques en bois,
fil ou raphia, scotch, ciseaux,
papiers de couleur, carton,
fil électrique, colle,
petites plumes, pâte à modeler autodurcissante,
peinture et pinceau.

Tipi

1 Attacher 5 piques en bois avec du fil. Scotcher un morceau de pique d'environ 8 cm entre chaque pique pour consolider le tipi. Laisser un côté ouvert.

2 Recouvrir le tipi de papier en laissant 1 cm de marge. Découper ensuite l'ouverture de la porte en triangle. Replier les marges de papier et les scotcher.

3 Orner le tipi en collant des motifs en papier. Reporter son contour sur du papier. Le découper et le coller pour faire le sol.

Indiens

1 Découper la tête et le corps dans du carton suivant les dimensions de la photo cidessous. Découper le cou, les bras et les jambes dans le fil électrique. Les encoller et les piquer dans le carton. Former les mains.

2 Modeler les pieds en pâte à modeler autodurcissante. Les fixer sur les jambes. Laisser sécher. Coller les plumes et peindre.

Dragon articulé

Matériel

6 rouleaux de papier toilette, ciseaux, cutter, papier fort, crayon, perforatrice, boules de cotillon, peinture, pinceau, attaches parisiennes, papier fin blanc, patrons page 246.

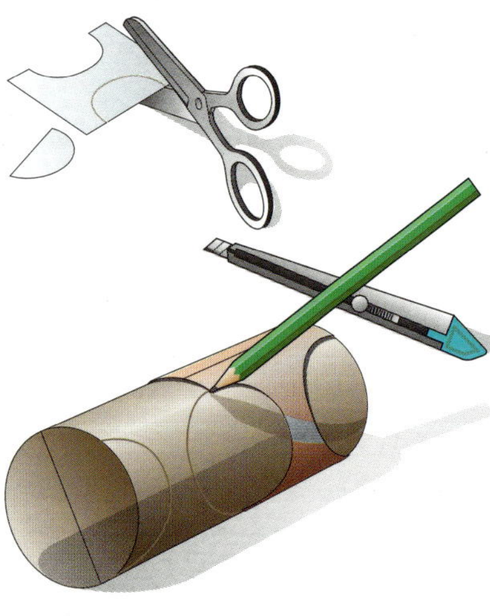

1 Reporter les patrons des anneaux, de la tête et de la queue page 246 sur du papier fin blanc.
Les découper et les tracer sur les rouleaux de papier toilette. Faire 2 anneaux par rouleau.
Découper les formes aux ciseaux ou demander à un adulte de les découper au cutter.

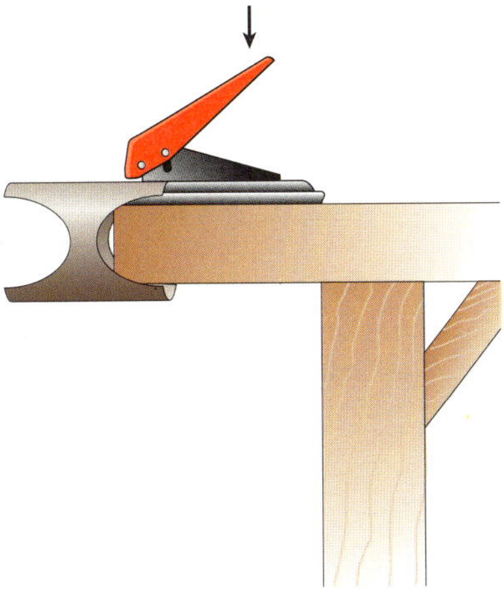

2 Avec une perforatrice, percer des trous aux extrémités des formes.

Attention : ne pas percer la pointe de la queue, ni l'avant de la tête. Pour plus de facilité, disposer les anneaux sur le bord d'une table pour pouvoir appuyer et percer facilement.

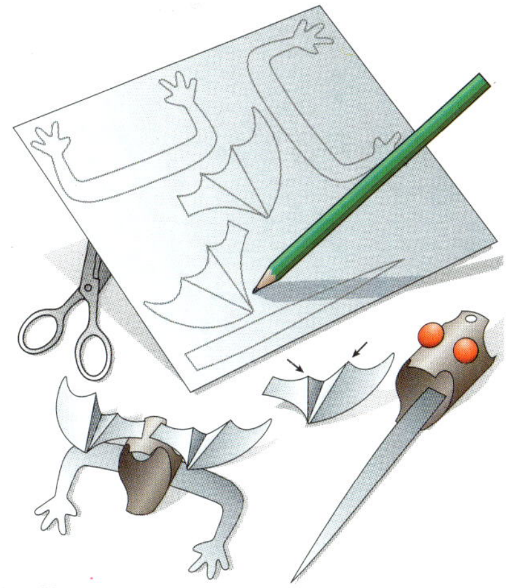

3 Reporter et découper suivant les patrons page 246, la langue, les ailes et les pattes dans du papier fort.

4 Plier les ailes en accordéon. Coller les éléments et 2 boules de cotillon pour imiter les yeux.

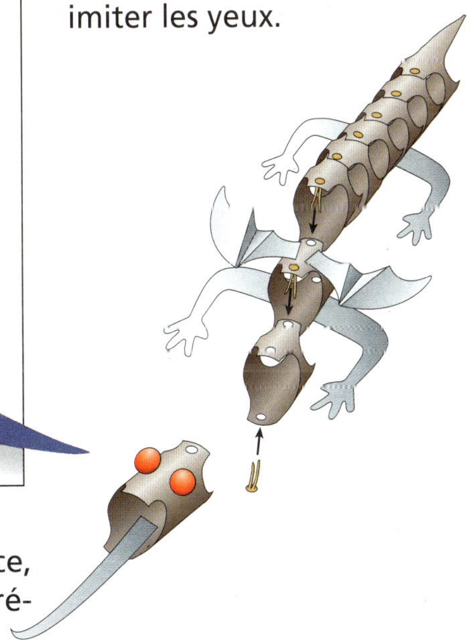

5 Peindre les différentes parties du dragon. Bien laisser sécher. Assembler les formes en les faisant se chevaucher comme sur la photo. Glisser des attaches parisiennes dans les trous et les rabattre à l'intérieur du dragon.

Parachutistes

Matériel

tissus, ciseaux, colle,
fil ou laine, aiguille à coudre,
boules de cotillon (petites
et moyennes), cure-dents,
fil électrique,
peinture et pinceau.

1 Couper un carré de tissu de 20 cm de côté. Découper des formes de différentes couleurs. Les coller sur le parachute.

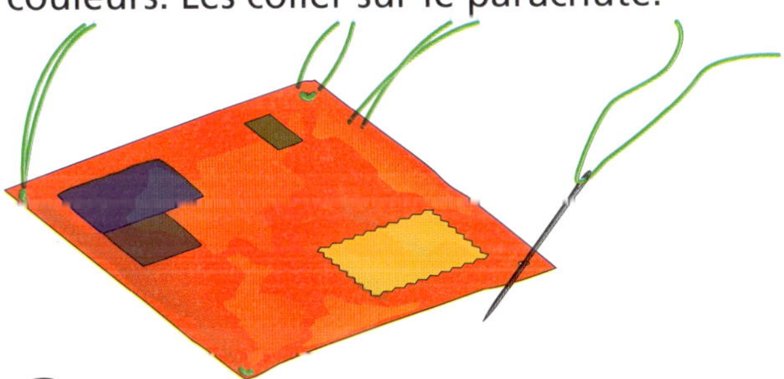

2 Enfiler un fil de 50 cm aux 4 coins du tissu. Laisser pendre la même longueur de fil de chaque côté. Nouer ensemble toutes les extrémités des fils.

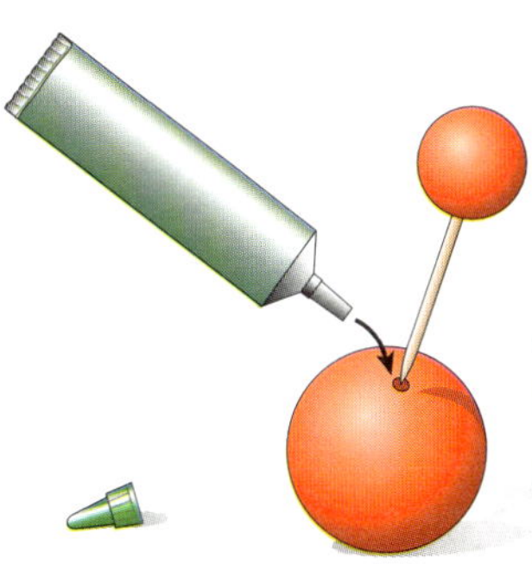

3 Coller un cure-dent dans la petite boule de cotillon puis dans la grande pour former la tête du parachutiste. Enrouler un fil électrique autour du cou en laissant 2 longueurs égales de chaque côté pour faire les bras et les mains du personnage.

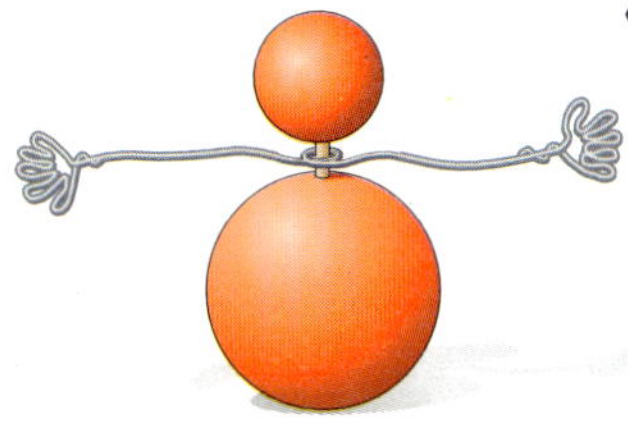

4 Avec l'aiguille, piquer le bas de la plus grosse boule pour enfoncer les jambes. Couper 2 morceaux de fil électrique. Les torsader d'un côté comme un lasso. Les encoller et les piquer dans la boule de cotillon.

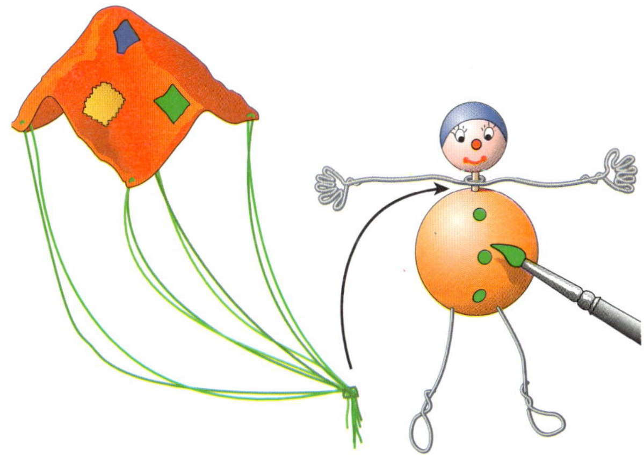

5 Peindre le parachutiste. Bien laisser sécher. Nouer les fils du parachute autour du cou du bonhomme en serrant bien. Couper les fils qui dépassent.

Drôles d'avions

Matériel

bâtonnets plats, bouchon de liège, cutter ou couteau, ciseaux, colle, peinture, pinceau, boutons, allumettes, punaise, papier de couleur.

1 Récupérer ou acheter plusieurs bouchons de liège. Demander à un adulte de couper une rondelle de 5 mm dans le bouchon de liège avec un cutter ou un couteau. Couper le bout d'un bâtonnet à 2 cm pour faire la queue de l'avion. Couper 2 autres bâtonnets à 1,5 cm pour fabriquer les ailerons de l'avion.

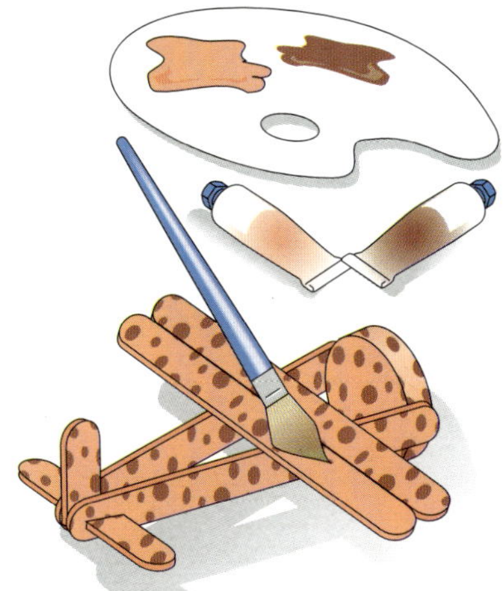

3 Peindre les avions. Avec une autre couleur, peindre des rayures ou des taches. Bien laisser sécher.

4 Aux ciseaux, recouper 5 allumettes en morceaux de 2,5 cm de long.

2 Coller la rondelle et la queue de l'avion entre 2 bâtonnets plats. Bien laisser sécher. Coller les 2 ailerons de chaque côté de la queue. Maintenir le collage. Bien laisser sécher.
Coller 2 autres bâtonnets plats sur l'avion. Laisser dépasser la même longueur de bâtonnet de chaque côté. Bien laisser sécher.

5 Coller 2 allumettes en triangle sous chaque aile. Les réunir avec l'allumette restante. Laisser sécher. Coller un bouton sur chaque triangle. Découper une hélice de papier. La fixer sur le bouchon avec la punaise.

Mini-marionnettes

Matériel

feutrine, règle,
crayon à papier,
colle,
ciseaux,
fils de couleur,
aiguille à coudre.

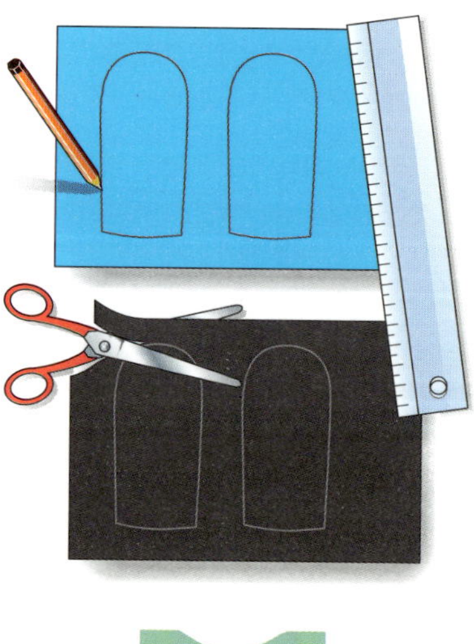

1 Sur la feutrine, tracer au crayon à papier la forme du corps de la mini-marionnette : un rectangle arrondi en haut d'environ 4 cm de large et 8,5 cm de haut. Dessiner la même forme dans le même morceau de feutrine pour fabriquer l'arrière de la mini-marionnette. Découper la feutrine suivant le tracé.

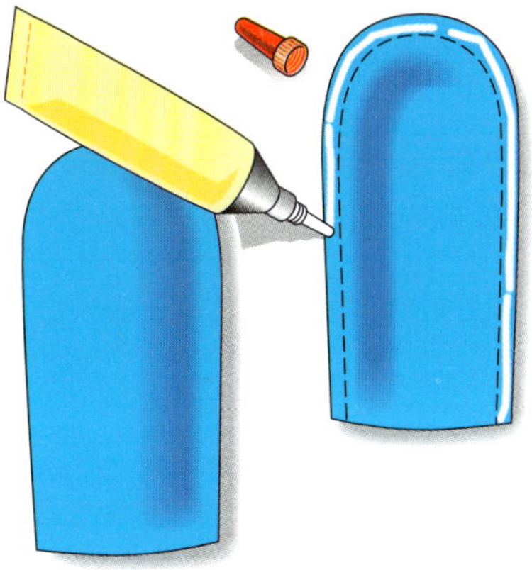

2 Coudre ou bien coller ensemble l'avant et l'arrière de la mini-marionnette en restant le plus près possible du bord. Ne pas coudre ni coller le bas pour pouvoir passer le doigt.

3 Dans de la feutrine de couleur différente, découper aux ciseaux un rond de 3 cm de diamètre pour faire la tête de la marionnette. La coller en haut du corps. Bien laisser sécher.

4 Dans de la feutrine de différentes couleurs, découper et coller sur la tête, les yeux, la bouche et éventuellement le nez et les sourcils. Bien laisser sécher.

5 Dans de la feutrine de couleurs différentes, découper les cheveux, les chapeaux, les couronnes ou les bonnets. Les coller sur la tête. Bien laisser sécher.

6 Décorer les corps des marionnettes avec des boutons, une ceinture, un panier ou un nœud papillon.

7 Pour terminer, découper et coller les capes ou les costumes sur le corps des mini-marionnettes. Bien laisser sécher avant de jouer.

Photos-personnages

Matériel

pinces à linge
en bois,
petite vrille,
colle,
peinture, pinceau,
chenilles, ciseaux,
vernis (facultatif).

1 Le plus simple est de se procurer des pinces à linge déjà décortiquées, c'est-à-dire des demi-pinces. On peut se les procurer dans les magasins de loisirs créatifs. Si on ne dispose que de pinces complètes, les tourner dans le sens opposé au ressort. Faire attention à ne pas se piquer le doigt en enlevant le ressort.

2 Demander à un adulte de percer l'extrémité de 2 demi-pinces avec une petite vrille. Procéder délicatement pour ne pas fendre le bois.

Pour fabriquer les jambes du personnage, coller le bas de chaque demi-pince sur une autre demi-pince non percée. Maintenir le collage quelques minutes. Laisser sécher l'ensemble.

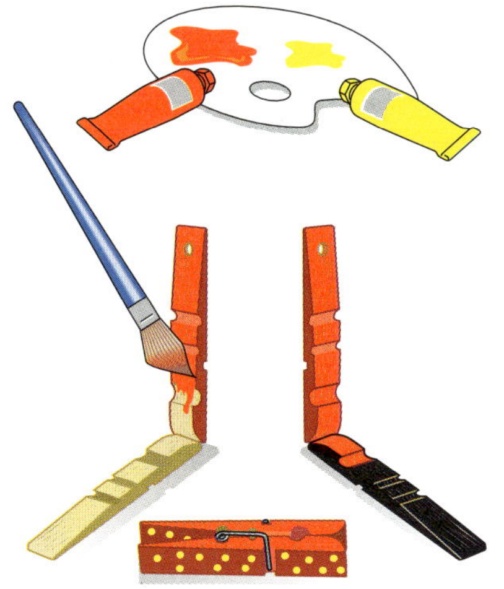

3 Peindre les jambes ainsi qu'une pince à linge entière qui servira de corps. Bien laisser sécher. Vernir.

4 Lorsque le vernis et la peinture sont parfaitement secs, remettre le ressort métallique sur chaque pied du personnage.

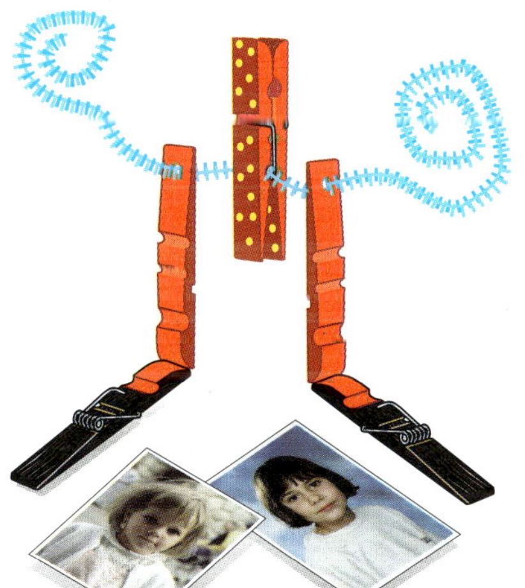

5 Enfiler une chenille de couleur dans le trou de la jambe. La glisser dans la pince à linge puis l'enfiler dans le trou de l'autre jambe. L'enrouler de chaque côté en spirale pour imiter les bras. Pincer une photo en haut du personnage.

Avions fantaisie

Matériel

papiers de couleur (format A4),
ciseaux,
gommettes rondes ou fantaisie,
feutres,
colle.

1 Choisir du papier assez léger pour que l'avion puisse planer : l'idéal est d'utiliser du papier origami. Plier un rectangle de papier de couleur dans le sens de la longueur. Bien marquer le pli avec l'ongle.

Rabattre les 2 angles du haut sur le pli central. Bien marquer les plis avec l'ongle.

2 Rabattre la pointe ainsi formée vers le bas en laissant 3 cm de distance avec le bas du rectangle de papier. Bien marquer les plis avec l'ongle.

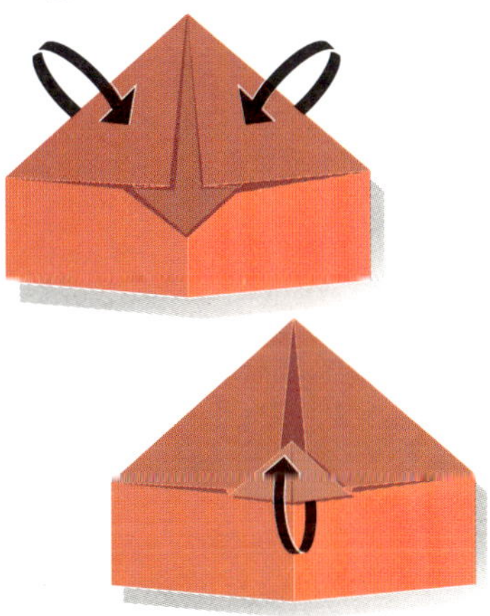

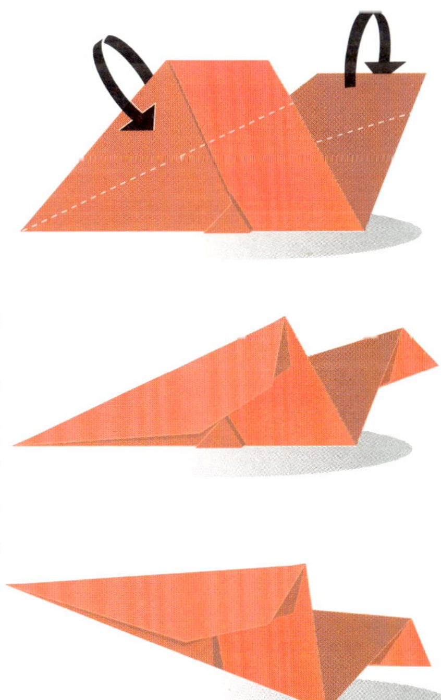

3 Rabattre les 2 angles du haut sur le pli central. Replier le petit triangle sur les triangles du haut. Bien marquer les plis. Plier l'avion en deux sur le pli central de façon à laisser le petit triangle visible.

4 Durant ces différentes étapes, veiller à bien marquer les plis en appuyant dessus avec l'ongle. S'ils sont bien nets, l'avion n'aura aucun mal à voler et à planer avec légèreté.

5 Rabattre les ailes de chaque côté de l'avion en partant de la pointe. Bien marquer les plis des ailes en appuyant fermement dessus avec l'ongle.

6 Déplier l'avion de papier. Si certains plis ne sont pas assez nets, les marquer entre le pouce et l'index.

7 Décorer les avions avec des gommettes ou des motifs découpés. Pour faire la queue, coller une longue bande de papier coloriée au feutre. Lancer les avions.

Jeu de dominos

Matériel

plaques de mousse de 3 couleurs différentes,
crayon à papier,
règle,
ciseaux droits,
ciseaux crantés,
perforatrice,
colle.

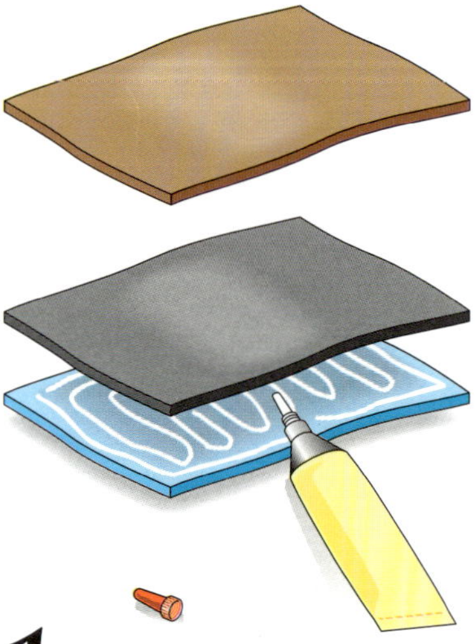

1 Coller une plaque de mousse bleue sur une plaque noire. Poser la plaque marron dessus.

2 Tracer des rectangles de 2,5 × 5 cm. Les découper. Raccourcir les rectangles marron de 3 mm. Les couper en deux avec les ciseaux crantés.

3 Avec la perforatrice, percer des trous de chaque côté sur chaque morceau de mousse marron coupé en deux.

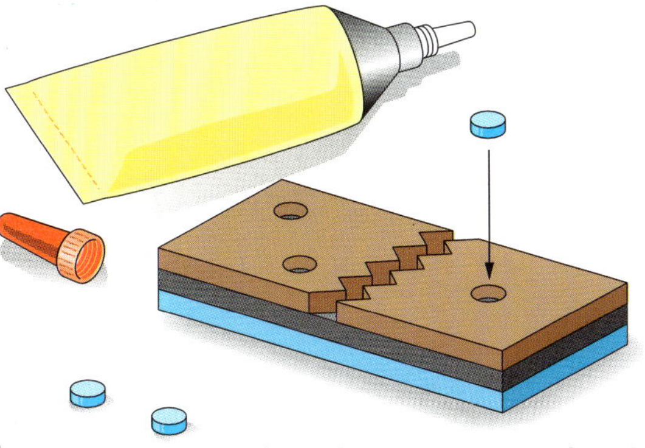

4 Coller face à face les 2 parties du rectangle marron sur les rectangles à double épaisseur bleu et noir. Perforer une plaque de mousse bleue. Récupérer les petits ronds. Les incruster sur les dominos.

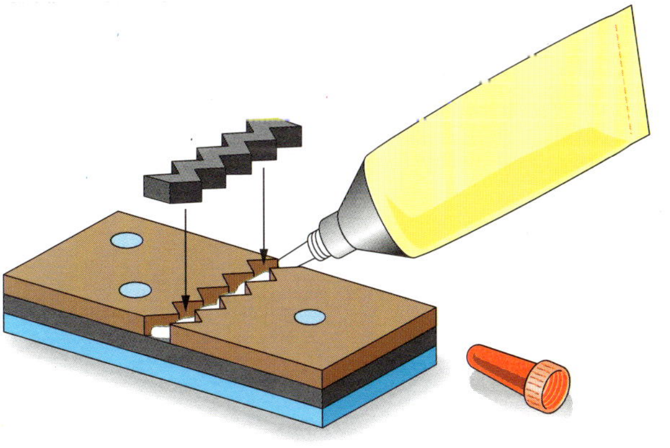

5 Avec les ciseaux crantés, découper des zigzags de 3 mm de large dans la mousse noire. Les incruster entre les 2 parties marron des dominos.
Fabriquer ainsi toutes les pièces d'un jeu de dominos (28 pions). Si on préfère, on peut coller les petits ronds bleus et les zigzags noirs avant de les incruster sur la mousse.

Jeu de massacre

Matériel

4 rouleaux de papier toilette,
4 rouleaux d'essuie-tout,
4 bouchons en liège,
papier fort, carton fin,
sable, couteau, peinture
et pinceaux, yeux mobiles.

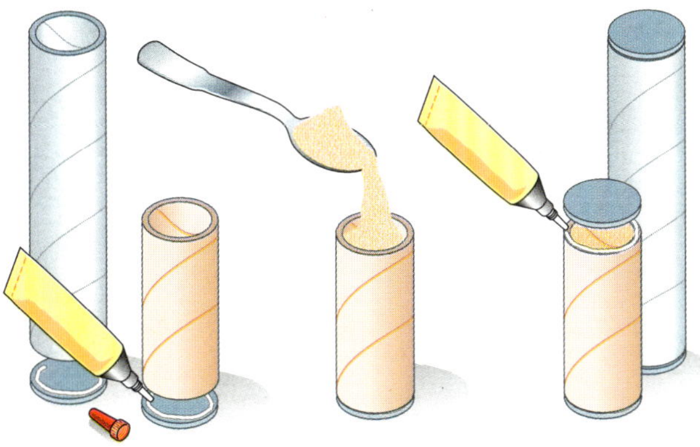

1 Boucher les tubes en collant des rondelles découpées dans du carton fin. Avant de fermer le haut, les lester avec du sable.

2 Avec un couteau, découper les nez et les oreilles des personnages dans les bouchons. Les coller sur les petits rouleaux.

3 Tracer et découper les sourcils, les moustaches, les cicatrices dans du papier fort. Les peindre. Laisser sécher.

4 Peindre le corps et la tête des personnages en s'inspirant de la photo. Bien laisser sécher. Ajouter les motifs : têtes de mort, rayures, chevelures. Bien laisser sécher la peinture.

5 Coller les éléments du visage découpés. Fixer des yeux mobiles. Bien laisser sécher. Pour faire la balle du jeu de massacre, rouler 2 chaussettes l'une dans l'autre.

L'horrible pirate Barbe-Noire débarque !

Jolis bateaux

Matériel

bouchons en liège,
couteau,
pique en bois,
peinture, pinceau,
cure-dents,
tissus,
ciseaux, colle.

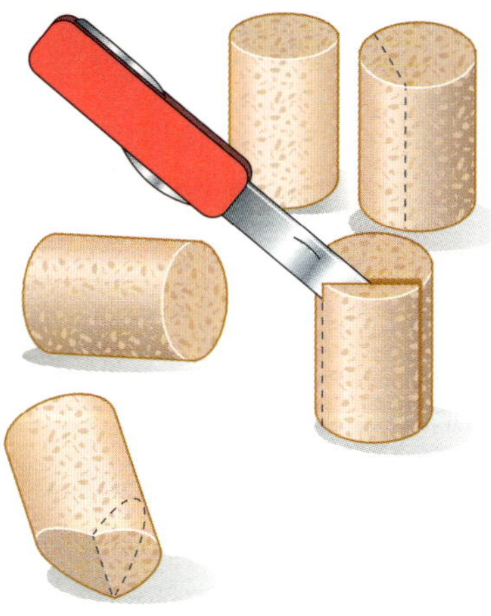

Petits bateaux

1 Récupérer des bouchons en liège ou en acheter dans une droguerie ou dans une grande surface. Demander à un adulte de découper le bouchon dans le sens de la longueur avec le couteau. Puis faire découper au couteau l'une des extrémités du bouchon en pointe.

2 Peindre la coque du bateau avec une couleur vive. Bien laisser sécher. Pour faire le mât du bateau, enfoncer un cure-dent dans le bouchon de liège.

3 Dans du tissu de couleur, découper un triangle pour fabriquer les voiles du petit bateau. Le coller en haut du cure-dent. Maintenir le collage quelques minutes en appuyant. Veiller à bien laisser sécher le petit bateau.

Suivant le même principe, on peut réaliser un bateau plus grand avec plusieurs bouchons. Ne pas peindre les bouchons pour créer un autre style d'embarcation.

Grand bateau

Ce bateau sans peinture peut être mis à l'eau.

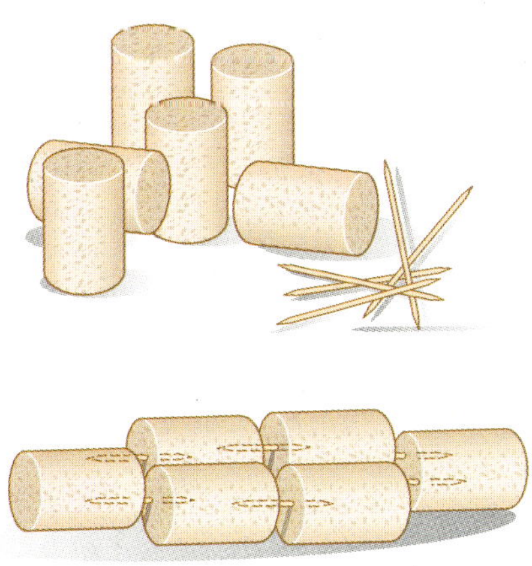

1 Pour fabriquer la coque du grand bateau, assembler 6 bouchons en liège avec des cure-dents piqués entre chaque bouchon, comme sur le schéma.

2 Enfoncer une pique en bois au centre de la coque du bateau. Au besoin, la raccourcir un peu.

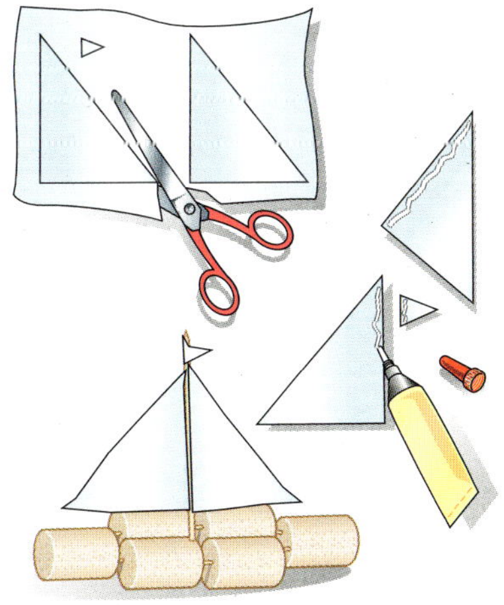

3 Dans le tissu blanc, découper 2 triangles pour les voiles. Les coller en haut du mât. Coller un tout petit triangle en haut des voiles. Faire voguer le bateau.

Jeu de morpion

Matériel

carton, règle,
crayon à papier, ciseaux,
peinture et pinceaux,
scotch de couleur,
10 couvercles de petits pots.

1 Sur le carton, tracer un carré de 21 cm de côté au crayon à papier et à la règle. Le découper aux ciseaux.

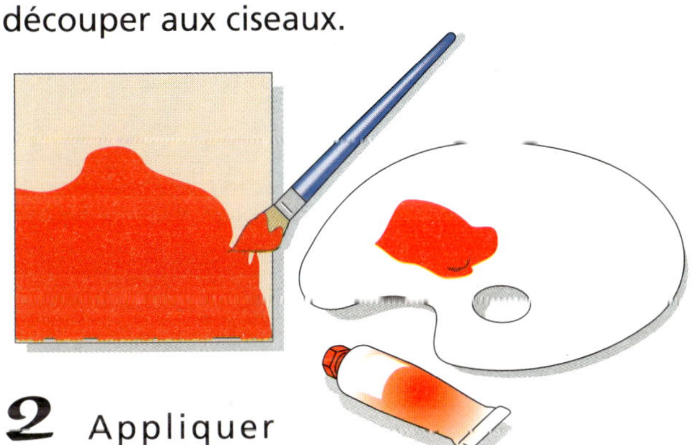

2 Appliquer une couche de peinture blanche. Bien laisser sécher. Peindre le carton en rouge. Laisser sécher.

3 Fixer du scotch de couleur tout autour du carton. Puis former les cases du jeu en fixant des bandes de scotch tous les 7 cm et en les croisant sur le plateau du jeu.

4 Peindre les 10 couvercles de petits pots en blanc. Laisser sécher. Peindre 5 couvercles en bleu et 5 couvercles en vert. Bien laisser sécher. Au besoin, appliquer une deuxième couche de peinture.

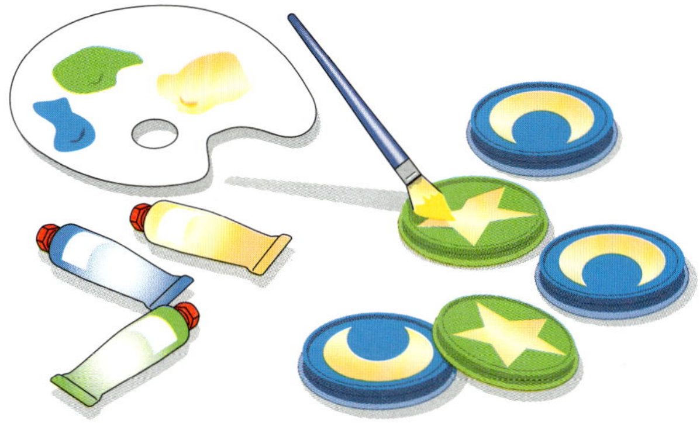

5 Pour terminer, peindre des motifs en forme de lunes sur les couvercles bleus et des motifs en forme d'étoiles sur les couvercles verts. Bien laisser sécher. Au besoin, appliquer une deuxième couche de peinture.

Règle du jeu de morpion

Pour jouer, il faut être deux. Chaque joueur doit prendre 5 pions de la même couleur.

Les joueurs posent chacun leur tour 1 pion sur 1 des cases. Le but du jeu est d'aligner le plus rapidement possible 3 pions à la verticale, à l'horizontale ou en diagonale. Le joueur qui a réussi à aligner ses 3 pions a gagné.

Mini-voitures

Matériel
carton, règle, crayon à papier, bouchons, couteau, cutter, cure-dents, colle, peinture et pinceaux, papier fin blanc, patron page 247.

3 Dans le carton, faire découper des phares. Coller les différents éléments de la voiture. Laisser sécher.

4 Peindre les petites voitures. Bien laisser sécher. Peindre les détails. Bien laisser sécher.

1 Reporter 2 fois le patron de la voiture sur le papier fin blanc et découper. Tracer le contour des voitures sur du carton. Les faire découper au cutter. Percer les trous aux emplacements indiqués. Dans le carton, découper une longue bande d'environ 3 × 20 cm et 4 autres bandes de 1 × 7 cm pour les garde-boue.

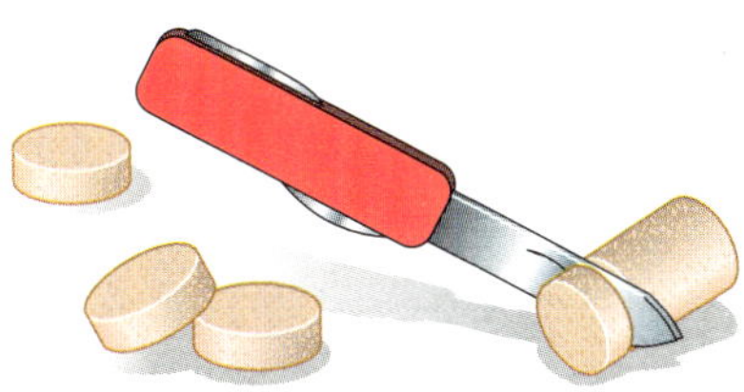

2 Demander à un adulte de découper des petites rondelles dans les bouchons de liège pour fabriquer les roues des voitures. En couper 4 par voiture.

5 Enfiler un cure-dent dans les trous percés de chaque côté de la voiture. Peindre les rondelles de bouchon en noir. Laisser sécher. Les piquer de chaque côté de la voiture aux extrémités des cure-dents.

De janvier à décembre, l'enfant a de nombreuses occasions de faire la fête. Ce livre lui propose des réalisations variées pour ne pas manquer d'idées. Au fil de l'année, l'enfant réalise de jolis cœurs en pâte à modeler pour la fête des mères, des tapis de souris pour la fête des pères, des couronnes ou des masques pour Carnaval, des œufs décorés ou des paniers pour Pâques.

Pour les fêtes de fin d'année, il crée ses cartes d'invitation d'Halloween, décore le sapin avec des boules. Toute la maison est en fête !

L'année en fête

Cœurs pour maman

Matériel

pâte à modeler autodurcissante,
petite cuillère,
peinture,
pinceau moyen,
perles de rocaille,
colle à bois,
allumette.

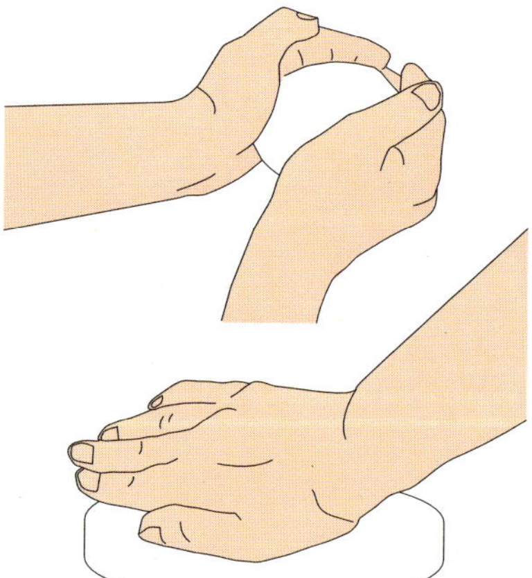

1 Choisir de préférence de la pâte autodurcissante blanche. Bien la malaxer entre les mains pour la ramollir. Former une grosse boule en roulant la pâte entre les mains.

L'aplatir avec le plat de la main ou utiliser un rouleau à pâtisserie pour former une galette régulière.

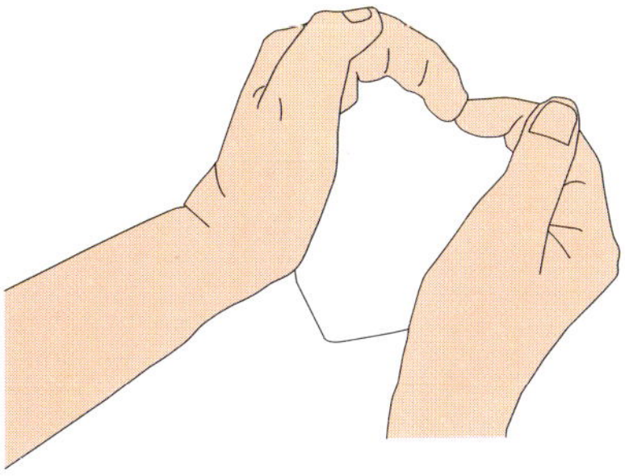

2 Allonger la galette pour lui donner une forme de cœur et former la pointe du bas. Pour faciliter le modelage et pour ramollir la pâte, penser à bien se mouiller les doigts.

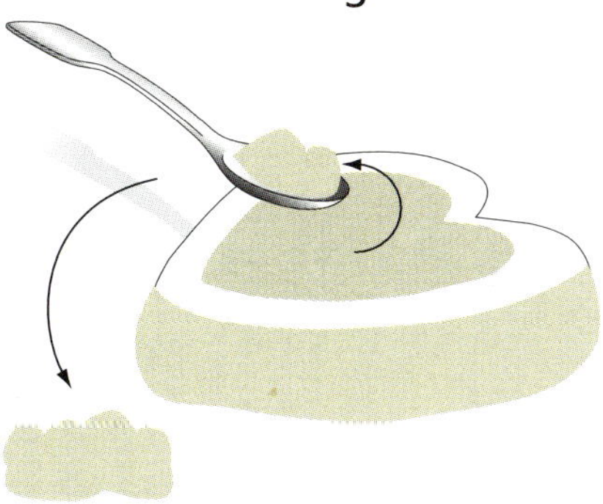

3 Avec une petite cuillère, évider le centre du gros cœur pour en dessiner un deuxième plus petit. Bien lisser la surface de la pâte à modeler en appliquant les doigts humidifiés.

4 Avec une allumette, dessiner un cœur à l'intérieur du petit cœur. Veiller à bien appuyer pour former une petite rigole où l'on disposera les perles.

Peindre le petit cœur dans deux tons de rose. Déposer de la colle dans la rigole.

5 Peindre le gros cœur en rose avec le pinceau moyen. Bien laisser sécher. Appliquer de la colle sur le cœur dessiné en creux avec la petite cuillère.

6 Pour le gros cœur, choisir un mélange de perles roses. Les placer dans une coupelle durant le collage.

7 Disposer des perles avec la petite cuillère sur le gros cœur en appuyant bien. Mettre des perles de 2 couleurs dans la rigole du petit cœur. Laisser sécher.

Cache-pot fleuris

Matériel

feuille blanche de 24 × 60 cm,
feuille rouge de 13 × 30 cm,
papiers de couleur,
peinture blanche et coton-tige,
ficelle fine et ciseaux,
crayon à papier, règle, colle.

Cache-pot fleurs

1 Dans le papier de couleur, dessiner puis découper des fleurs, des tiges et des cœurs pour les fleurs.

2 Découper un rectangle de 24 × 60 cm dans la feuille blanche. Coller les tiges, les fleurs puis les cœurs. Laisser sécher.

3 Plier la feuille décorée en accordéon tous les 3 cm. Percer le bas de chaque facette avec des ciseaux. Passer la ficelle dans chaque trou. Coller la dernière languette non perforée au dos de la première. Nouer la ficelle.

Cache-pot miniature

1 Reporter le patron de la feuille dans du papier vert clair et vert foncé et découper environ 10 feuilles.

2 Découper une bande rouge de 13 × 30 cm. Coller les feuilles. Peindre les pointillés avec un coton-tige. Plier le cache-pot en accordéon et le fermer.

Marque-pages

Matériel

papier épais
de différentes
couleurs
crayon à papier,
feutres,
feutre noir fin,
ciseaux,
calque ou
papier fin,
patrons page 246.

Ces marque-pages colorés sont très faciles à réaliser. On peut les offrir pour la fête des Pères ou la fête des Mères.

Mais on peut aussi écrire un message derrière pour créer des cartes d'anniversaire originales.

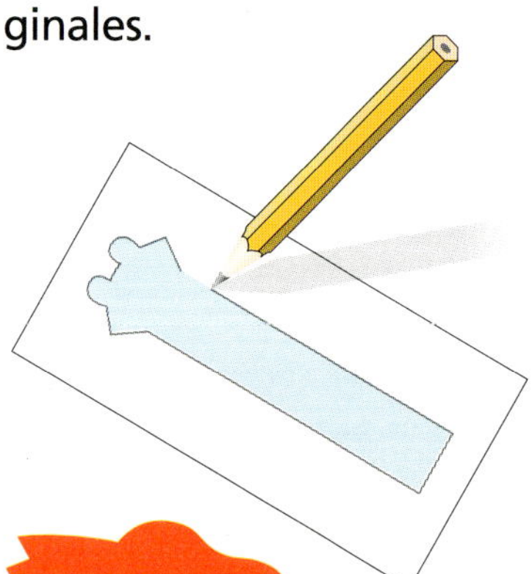

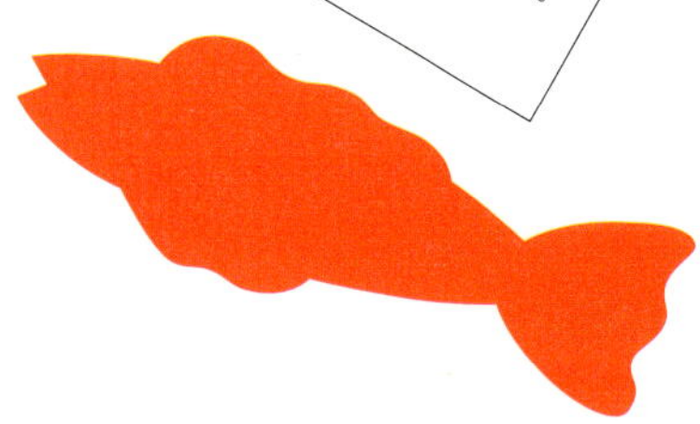

1 Reporter le patron de l'animal choisi page 246 sur du papier blanc et le découper. Pour le poisson, reporter le patron p. 253 sur du papier rouge, le découper.

2 Au feutre, colorier la grenouille, la vache ou l'oiseau en s'inspirant de la photo ou en changeant les couleurs. Dessiner les détails et les yeux au feutre noir fin.

3 À l'aide du patron page 253, reporter et découper les rayures du poisson dans les papiers jaune, vert et bleu.

4 Coller les rayures colorées sur le corps du poisson. Découper puis coller le globe blanc de l'œil et la pupille noire.

Cadres-couronnes

Matériel

carton,
crayon à papier,
règle,
ciseaux ou cutter (avec un adulte),
peinture,
pinceaux : fin et moyen,
colle.

1 Sur du carton, tracer au crayon à papier un rectangle ou un ovale d'environ 9 cm de large et d'environ 12 cm de haut.
En haut du rectangle ou de l'ovale, dessiner la forme d'une couronne avec des branches pointues ou arrondies. Plus les formes sont simples, plus elles sont faciles à découper.

2 Découper le cadre aux ciseaux. Si le carton est trop dur, demander à un adulte de le découper au cutter.

Au crayon à papier, tracer un ovale ou un rectangle d'environ 5,5 cm de large et d'environ 7,5 cm de haut.

Découper la photographie aux dimensions de ce cadre.

3 Avec le pinceau fin, peindre en jaune la couronne et le liseré fin qui encadrera la photographie.

4 Bien laisser sécher. Si c'est nécessaire, appliquer une seconde couche et laisser sécher.

5 Peindre le contour du cadre en bleu ou en rose avec le pinceau moyen. Bien laisser sécher et, au besoin, appliquer une seconde couche. Coller une photo au milieu du cadre en la recoupant auparavant si nécessaire.

Tableaux en laine

Matériel

papiers de couleur,
laine de différentes couleurs,
crayon à papier,
règle,
ciseaux,
colle.

Tableau cœur

1 Dans le papier jaune, découper un carré de 20 × 20 cm. Dans le papier rouge, découper un carré de 14 × 14 cm. Coller le carré rouge au milieu du carré jaune. Au crayon à papier, dessiner un cadre autour du carré rouge en formant des boucles aux 4 coins.

2 Appliquer de la colle sur le tracé au crayon à papier. Découper un morceau de laine et le coller sur le cadre. Bien appuyer pour faire adhérer.

3 Dessiner un cœur au crayon à papier. Appliquer de la colle sur le tracé du cœur. Découper un brin de laine jaune et un brin de laine vert aux dimensions du cœur. Mettre de la colle sur le tracé et coller les brins. Couper l'excédent.

4 Décorer le cœur en collant des petits brins de laine verte. Avec la laine bleue, former 2 spirales et les coller à l'intérieur du cœur. Bien laisser sécher.

Tableau prénom

1 Découper un carré bleu de 20 × 20 cm et un carré jaune de 16 × 16 cm. Coller le carré jaune sur le carré bleu. Dessiner le cadre et coller la laine jaune et verte dessus.

2 Écrire un prénom. Coller la laine sur le tracé. Coller des spirales de laine à l'intérieur de certaines lettres.

3 Décorer le tableau en collant des spirales aux coins du carré jaune. Coller des vaguelettes bleues et les décorer avec des mini brins de laine verts et rouges.

Tapis de souris

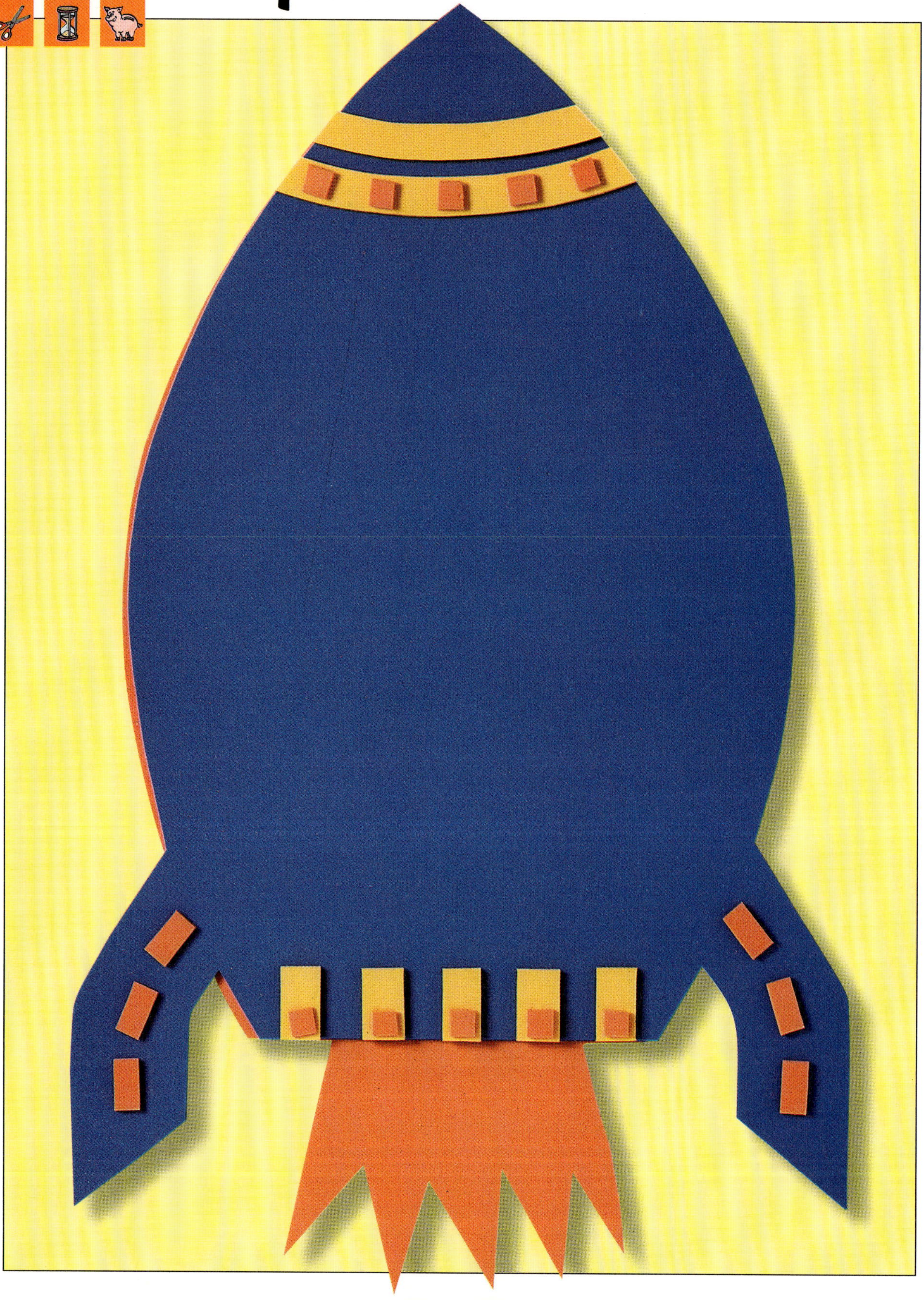

Matériel
2 plaques de mousse de 20 × 30 cm de couleurs différentes, chutes de mousse, papier blanc (A4), stylo à bille, crayon à papier, ciseaux et colle.

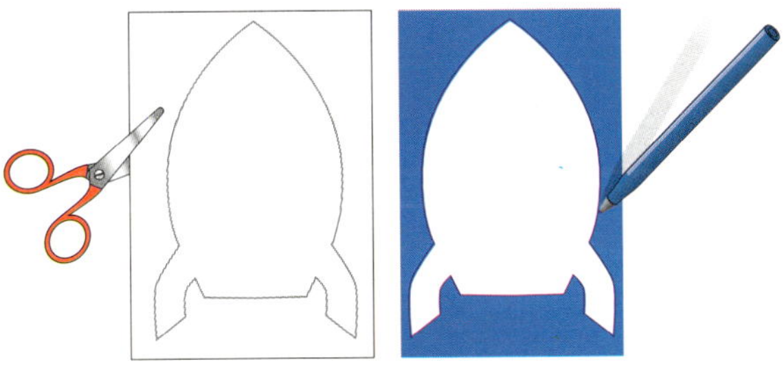

1 Sur le papier blanc, dessiner une fusée haute et large. La découper et la tracer sur la mousse au stylo à bille. Conserver le patron.

2 Sur une feuille de mousse de couleur différente, reproduire la même fusée en ajoutant des flammes pointues.

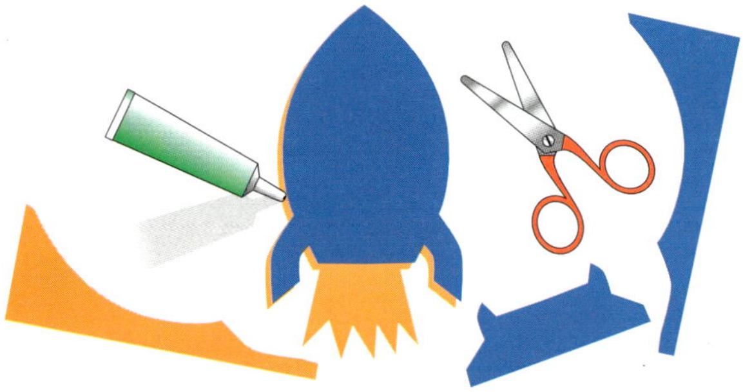

3 Découper les 2 formes de fusée. Les coller l'une sur l'autre en appuyant fort. Bien laisser sécher.

4 Découper 2 bandes arrondies dans des chutes de mousse et les coller en haut de la fusée. Ajuster aux ciseaux. Décorer les bandes avec des petits carrés de mousse de couleurs différentes. Maintenir le collage. Bien laisser sécher.

5 Découper des petits rectangles et les coller au bas de la fusée. Les décorer avec des petits carrés de couleurs différentes. Coller des petits rectangles sur les pieds de la fusée. Réaliser d'autres formes de tapis de souris.

Avec cette voiture, la souris prend de la vitesse !

Jolie carte

2 Dessiner un premier rectangle sur du kraft bleu, puis un deuxième plus petit sur du kraft vert. Dessiner un pot de fleurs sur une feuille de kraft rose.

3 Déchirer les formes en les pinçant entre le pouce et l'index pour créer des bords irréguliers.

Matériel
papier kraft de couleur (ou papier de couleur), papier blanc, carton, crayon à papier, colle, 3 roses en tissu (ou fleurs séchées).

1 Découper un rectangle de carton de 11 × 13 cm. Coller dessus un rectangle de kraft rouge de la même taille. Au dos, coller un papier blanc pour noter un message.

4 Coller le rectangle du fond, le petit rectangle sur le fond, des roses en tissu ou des fleurs séchées par-dessus. Finir en collant le pot. Bien laisser sécher.

Cartes fantaisie

1 Dans du bristol ou du papier de couleur, découper une carte de 12 cm de côté.

2 Dans du papier fantaisie, découper 2 triangles à angle droit et les coller sur la carte, aux 2 angles opposés.

3 Pour la décoration centrale, découper et coller un carré. Coller par-dessus un motif en papier. On peut aussi coller un carré en papier fantaisie ou un confetti.

4 Finir de décorer les cartes avec des confettis ou des feuilles séchées. Écrire le message au dos de la carte avec un crayon blanc.

Matériel

Bristol ou papier recyclé, emballages cadeaux, confettis, feuilles séchées, etc., ciseaux et colle, crayon blanc.

Couronnes de fête

Matériel
papiers de couleur,
crayon à papier,
ciseaux,
règle,
peinture,
coton-tige,
colle,
agrafeuse.

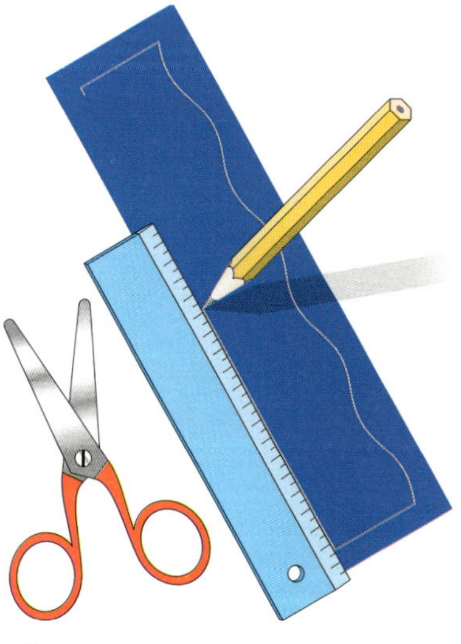

1 Découper une bande de papier d'environ 10 × 58 cm arrondie en haut.

2 Décorer la couronne bleue en appliquant de la peinture blanche avec un coton-tige. Décorer la couronne verte en collant de fines bandes de papier de différentes couleurs.

3 Ajuster la couronne à la taille de la tête et éventuellement la recouper.

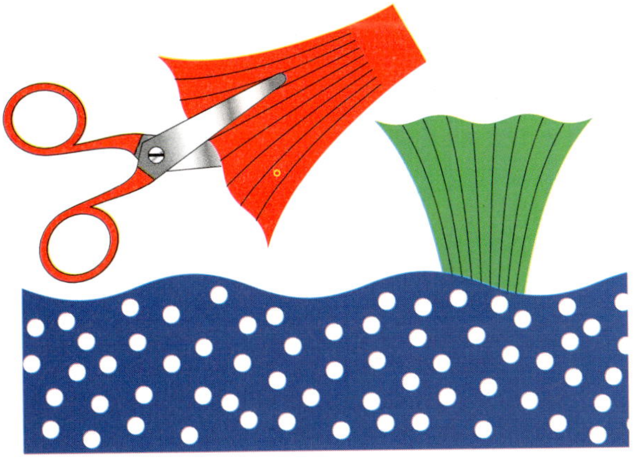

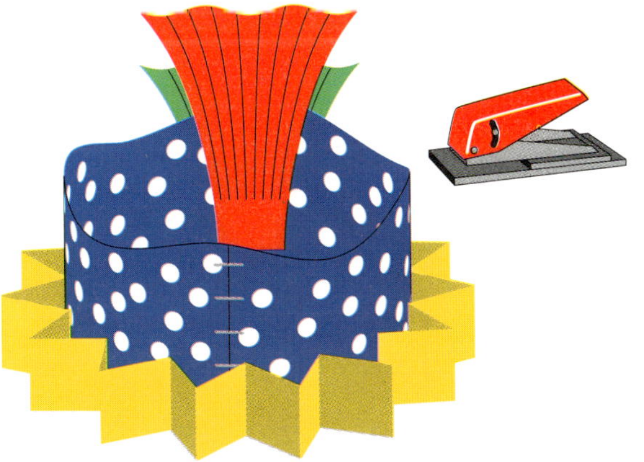

4 Découper et franger 2 houppettes en prévoyant une languette de collage de 4 cm. Coller une des languettes sur la couronne et l'autre à l'intérieur en haut.

5 Plier une longue bande de papier jaune en accordéon. L'ajuster à la taille de la couronne. La coller au bas de la couronne bleue. Fermer la couronne avec des agrafes.

Couronne frangée

Matériel
papiers de couleur,
5 boules de cotillon,
compas et règle, crayon
à papier, colle et agrafes.

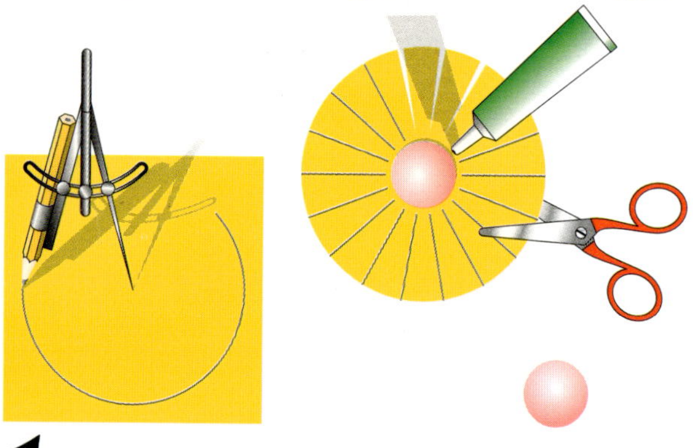

1 Au compas, tracer 5 ronds de 7 cm de diamètre. Les découper et les franger. Coller une boule de cotillon au centre de chaque rond de papier.

2 Découper une couronne de 10 × 58 cm. Arrondir le haut aux ciseaux.

3 Aux ciseaux, franger et friser des bandes de papier de 7 × 10 cm en prévoyant une languette de collage de 2 cm. Les coller sur la couronne. Coller les ronds frangés. Décorer avec des triangles. Agrafer.

Petits loups

Matériel

loup blanc en tissu
ou en plastique
colle pailletée dorée,
gommettes adhésives,
papier de couleur,
papier crépon,
ciseaux,
scotch et colle,
élastique, agrafeuse.

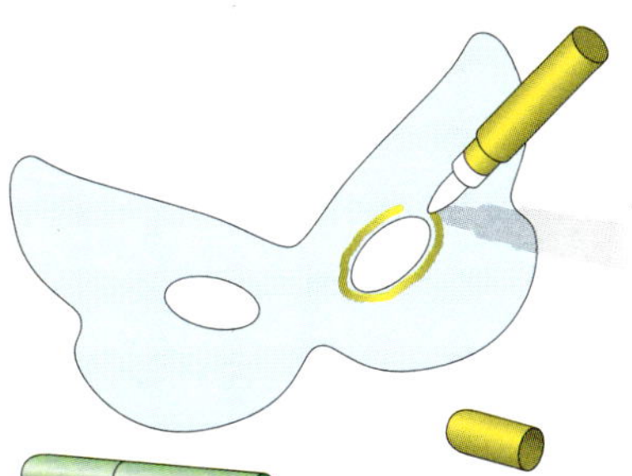

1 Appliquer la colle pailletée dorée autour des yeux du loup. Laisser sécher.

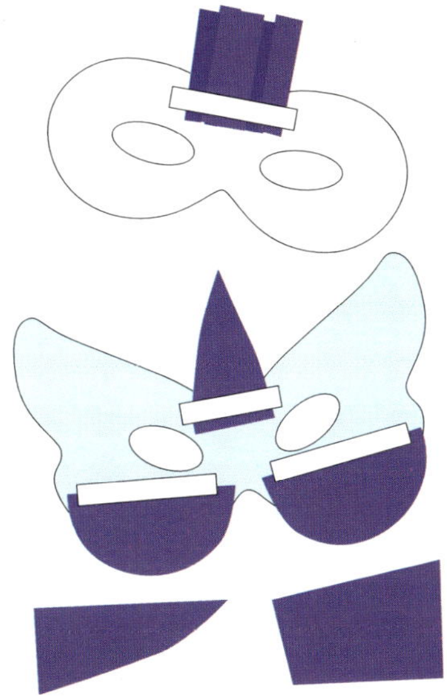

2 Sur l'envers du loup, il faut scotcher des formes découpées dans du papier de couleur ou du crépon plié en accordéon.

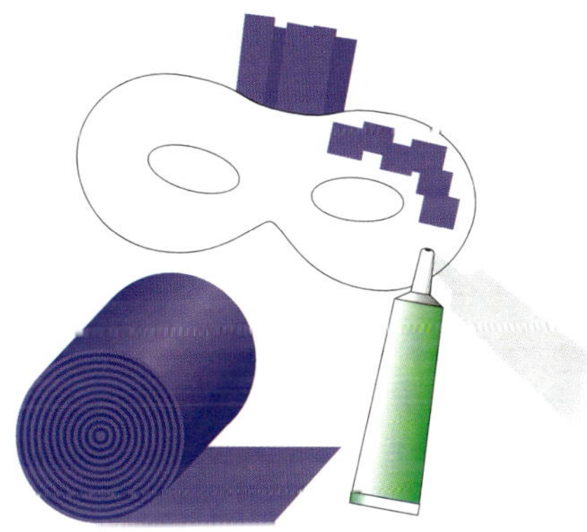

3 Décorer le loup avec des cercles découpés dans le papier de couleur ou des petits carrés de papier crépon.

4 Orner la houppette et les petits carrés de papier crépon avec de la colle pailletée. Coller des gommettes sur les formes de papier de couleur.

Nouer un élastique dans les trous prévus sur les côtés du masque ou agrafer l'élastique.

Mains déguisées

Matériel

papier à dessin,
crayon à papier,
ciseaux,
feutres,
feutre fin noir,
élastique fin,
calque ou papier fin,
patrons page 247.

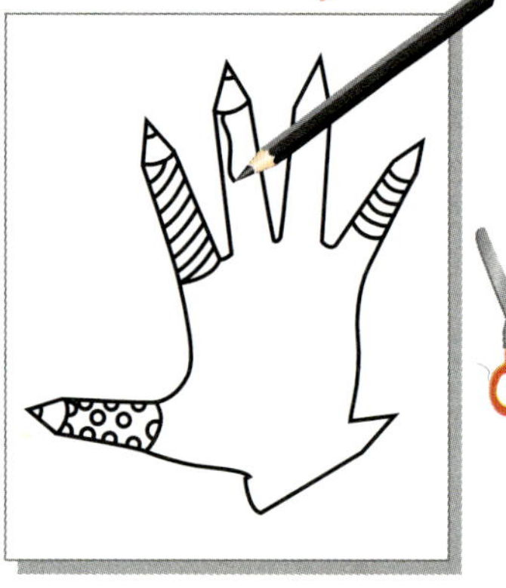

Mains simples

1 Reporter le patron du modèle choisi (crayons ou personnages) page 247 ou 249 sur du papier blanc. Au crayon à papier, dessiner les contours de chaque motif : pois, rayures, etc. Découper le contour de la main aux ciseaux.

2 Colorier les mains au feutre en choisissant des couleurs vives. Ajouter les détails au feutre fin noir. Demander à un adulte de percer 2 trous de chaque côté du poignet.
Couper un morceau d'élastique fin à la taille du poignet. Passer l'élastique dans les trous et le nouer sur l'envers des mains.

Main en relief

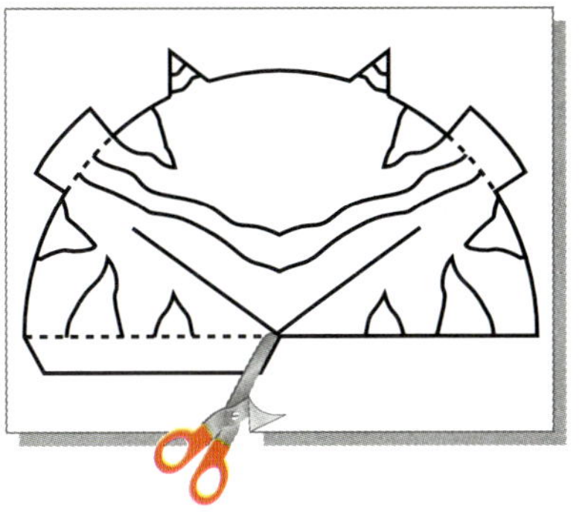

1 Reporter la tête d'animal page 248 sur du papier blanc et la découper. Colorier au feutre noir.

2 Reporter et découper le patron de la main page 248. Tracer les motifs au crayon à papier puis colorier.

3 Percer 2 trous sur le poignet et nouer un élastique. Former le cône de la tête d'animal en collant la grande languette. Replier les petites languettes. Coller le cône au centre de la main. Bien laisser sécher.

Masqu'animaux

Matériel

grande feuille de papier fort,
papier de couleur,
crayon à papier et règle,
gommettes noires,
ciseaux, cutter
(avec un adulte),
colle, élastique fin,
calque ou papier fin,
demi-patron grenouille page 249.

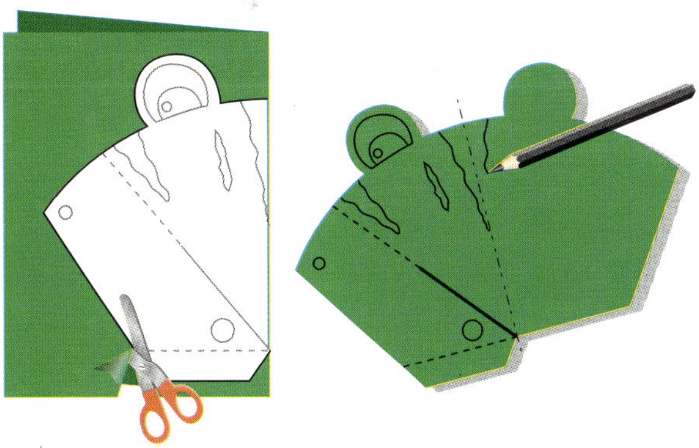

1 Plier la grande feuille en deux. Reporter et découper le demi-patron page 249. Déplier. Reporter les détails au crayon.

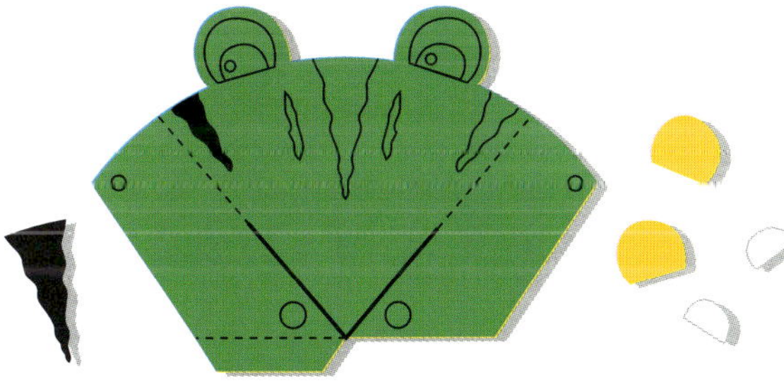

2 Découper les taches et les différentes parties des yeux dans du papier de couleur. Les coller aux endroits prévus sur le masque.

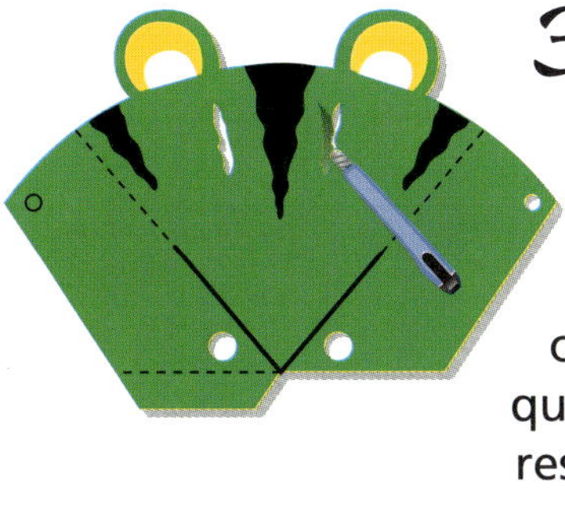

3 Demander à un adulte d'évider les fentes des yeux et les cercles sur les côtés du masque qui permettront de respirer facilement.

4 Coller des gommettes ou du papier de couleur sur les yeux de l'animal. Plier le masque selon les pointillés.

5 Coller la languette. Laisser sécher. Percer deux petits trous de chaque côté aux emplacements indiqués. Couper l'élastique et le nouer à l'intérieur du masque. Pour réaliser le renard ou le corbeau, adapter le patron page 249.

Cache-nez

Matériel

crayon à papier,
papiers de couleur,
feutres et
feutre fin noir,
ciseaux, colle,
élastique blanc,
calque ou papier fin,
patrons page 243.

1 Choisir un des animaux. Reporter le patron page 243 sur du papier blanc ou du papier de couleur. Pour certains animaux, adapter le patron en supprimant les oreilles ou en ajoutant des yeux. En s'inspirant de la photo, marquer l'emplacement des taches, des yeux, des cornes, etc., au crayon à papier. Découper.

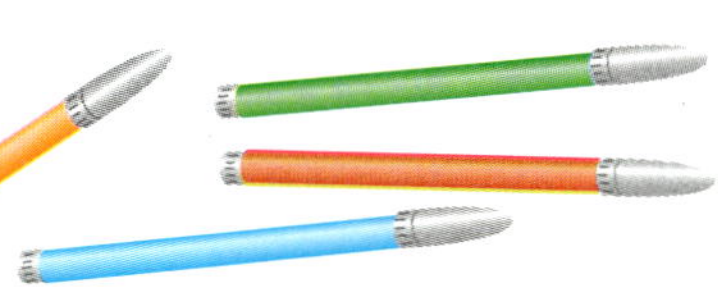

2 Colorier l'animal au feutre. Tracer les détails : yeux, bouche, au feutre fin noir. Percer 4 petits trous aux emplacements indiqués pour passer un élastique et pour pouvoir respirer.

3 Plier et encoller la languette. Former un cône. Maintenir le collage quelques minutes. Laisser sécher.

4 Mesurer le tour de tête et découper un morceau d'élastique légèrement plus long.

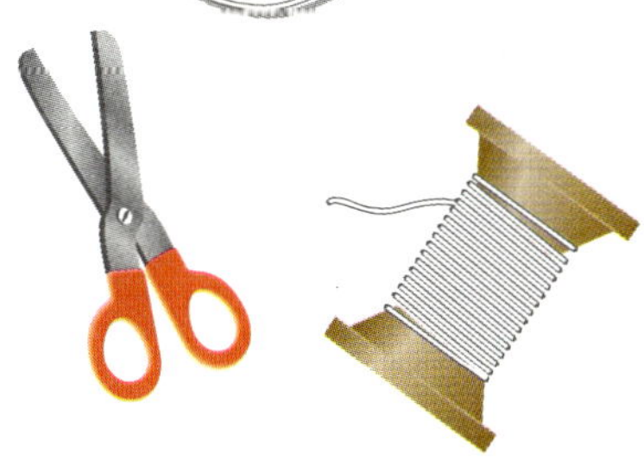

5 Passer l'élastique dans un des trous et le nouer à l'intérieur du cache-nez. Glisser l'élastique dans l'autre trou.
Vérifier et ajuster la longueur de l'élastique avant de le nouer à l'intérieur du cache-nez.

Œufs peints

Matériel

œufs vidés
(voir page 6)
ou œufs
en plastique,
crayon à papier,
peinture
tous supports,
pinceaux :
fin et moyen.

1 Tenir l'œuf entre les doigts et le peindre. Laisser sécher. Compléter la peinture à l'emplacement des doigts. Veiller à bien laisser sécher la peinture.

2 Tenir l'œuf entre le pouce et l'index. Avec le pinceau fin, peindre directement des motifs simples : cœurs, carrés, points, zigzags, etc. Bien laisser sécher.

3 Si nécessaire, appliquer une deuxième couche de peinture pour que les motifs ressortent bien.

4 Pour les motifs plus compliqués (visages, par exemple), tracer d'abord le dessin sur l'œuf au crayon à papier : bouche, nez, cheveux, yeux, etc. Gommer délicatement si la composition ne convient pas.

5 Tenir l'œuf par le bas. Peindre les cheveux, les sourcils, les yeux, le nez, la moustache et la bouche au pinceau fin. Bien laisser sécher. Au besoin, appliquer une deuxième couche de peinture.

Autres idées : tremper directement l'index dans de la peinture dorée et marquer la surface de l'œuf d'empreintes. Pour plus de facilité, on peut appliquer régulièrement un tampon sur l'œuf.

Animaux pomponnés

Matériel
laine,
crayon à papier,
compas et ciseaux,
cutter, carton léger,
feutrine,
colle.

Préparer les anneaux de carton suivants :

Pour un poussin
tête : 2 anneaux de 6 cm (centre : 3 cm),
corps : 2 anneaux de 7 cm (centre : 3 cm).

Pour la poule ou le lapin
corps : 2 anneaux de 10 cm (centre : 4 cm),
tête : 2 anneaux de 7 cm (centre : 3 cm).

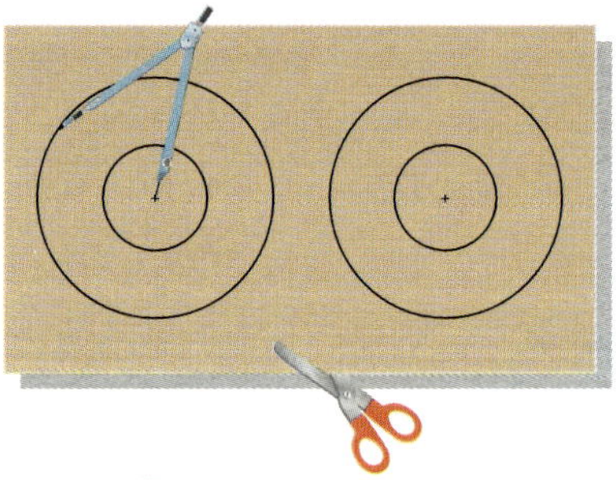

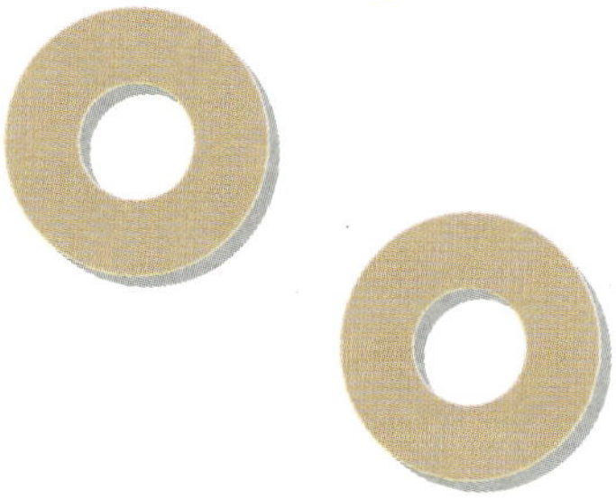

1 Suivant l'animal choisi, dessiner sur le carton les cercles du corps. Demander à un adulte d'évider le centre des cercles au cutter pour obtenir 2 anneaux.

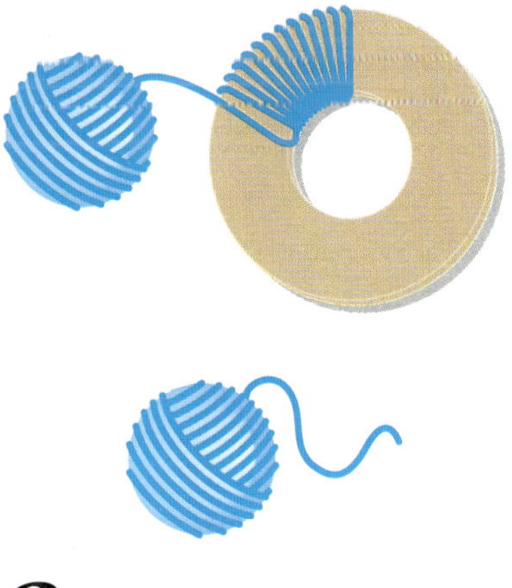

2 Préparer des pelotes de laine à la taille du trou. Superposer les 2 anneaux. Passer la laine autour du carton en serrant très fort. Faire 4 à 5 tours complets.

3 Glisser les ciseaux entre les anneaux. Couper la laine tout autour. Enrouler un brin de laine entre les cartons. Serrer et nouer.

4 Ôter les anneaux. Égaliser les brins. Faire le pompon de la tête. Les nouer ensemble. Découper et coller les parties en feutrine.

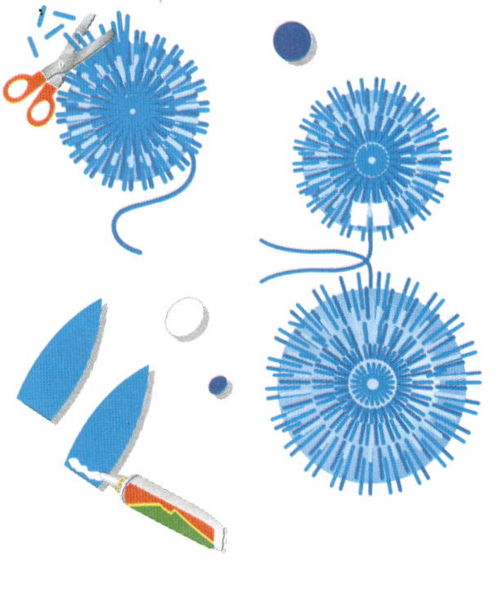

Boîtes de Pâques

Matériel

boîtes en bois
ou en carton,
peinture tous
supports,
pinceau moyen,
œufs,
colle,
vernis (facultatif).

1 Pour une finition parfaite, commencer par appliquer une couche de peinture blanche sur la boîte. Bien laisser sécher.

Peindre la boîte dans la couleur choisie. Laisser sécher. Éventuellement appliquer une deuxième couche de peinture. Veiller à bien la laisser sécher.

2 Casser les œufs et conserver le blanc et le jaune au frais dans un bol. Laver et sécher les coquilles. Les briser avec les doigts en petits morceaux.

Une jolie boîte pour présenter des petits œufs.

3 Disperser les coquilles brisées librement ou en cherchant à créer des motifs (formes géométriques, initiales...). Les coller une à une sur la boîte en commençant par le centre jusqu'à rejoindre les bords.

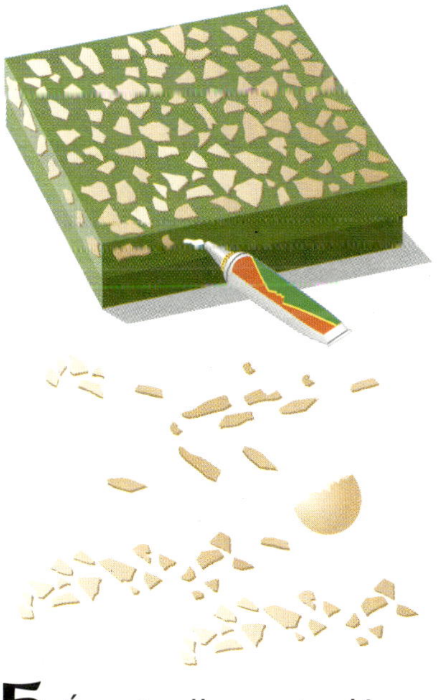

4 Compléter la mosaïque d'œufs en cassant des morceaux de coquilles encore plus petits. Les coller en appuyant délicatement. Bien laisser sécher.

5 Éventuellement, décorer les côtés du couvercle en cassant et en collant d'autres morceaux de coquilles d'œufs. Les coller délicatement. Laisser sécher.

6 Pour une finition parfaite, appliquer une à deux couches de vernis incolore sur la boîte. Laisser sécher.

On peut aussi réaliser des boîtes très colorées. Dans ce cas, peindre les coquilles d'œufs dans des couleurs vives avant de les coller.

Lapins gourmands

Matériel
papiers de couleur,
crayon à papier,
ciseaux,
feutre ou marqueur noir, colle,
patron page 250,
calque ou papier fin blanc.

1 Au crayon à papier, reporter la silhouette du lapin sur du papier calque ou du papier fin, à l'aide du demi-patron page 250 et des explications page 7. Le découper. Reporter le patron sur du papier de couleur et le découper.
Choisir de préférence un papier assorti à la couleur des œufs ou des bonbons.

2 Au feutre ou au marqueur noir, souligner les contours du lapin sur le recto et sur le verso du papier de couleur. Dessiner les griffes sur les pattes avant et arrière.

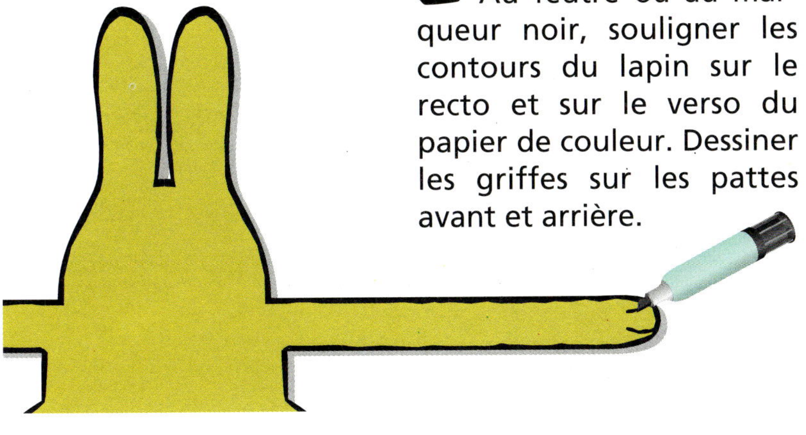

3 Découper les yeux, le nez, les joues et les dents en papier et les coller sur le lapin. Laisser sécher.

4 Coller ensemble les extrémités des bras. Bien appuyer et laisser sécher quelques minutes.

5 Replier les côtés du panier et les jambes du lapin à l'intérieur des bras. Laisser dépasser les jambes. Découper des carottes en papier pour décorer les paniers. Remplir d'œufs de Pâques ou de bonbons.

Mobile de cloches

Matériel

papiers de couleur,
crayon à papier,
ciseaux et ciseaux crantés,
fil de nylon, colle,
70 cm de fil de fer pour mobile,
aiguille à coudre.

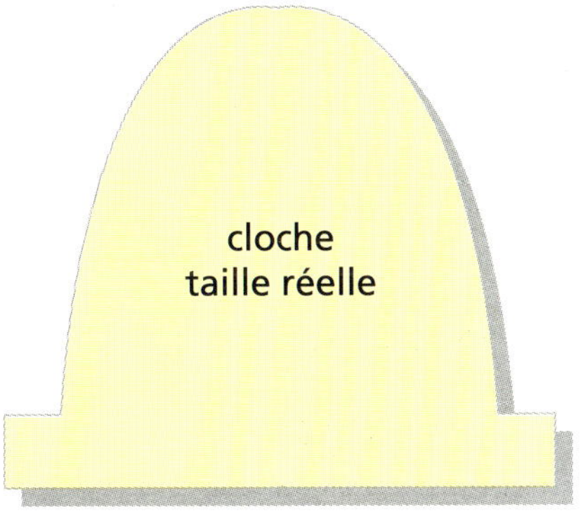

1 Dans des papiers de différentes couleurs, reporter et découper 8 fois le patron de la cloche ci-dessus.

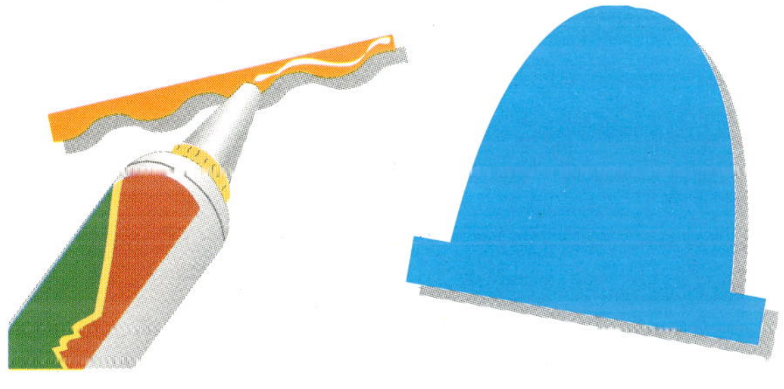

2 Décorer le bas des cloches avec des bandes de papier de couleur découpées d'un côté aux ciseaux crantés.

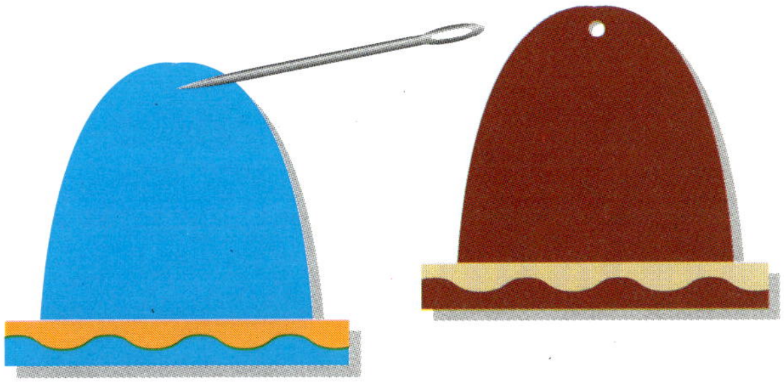

3 Avec l'aiguille à coudre, faire un petit trou au sommet de chaque cloche pour pouvoir les suspendre.

4 Préparer les différents morceaux de fil de nylon et de fil de fer en suivant le schéma de montage de l'encadré couleur.

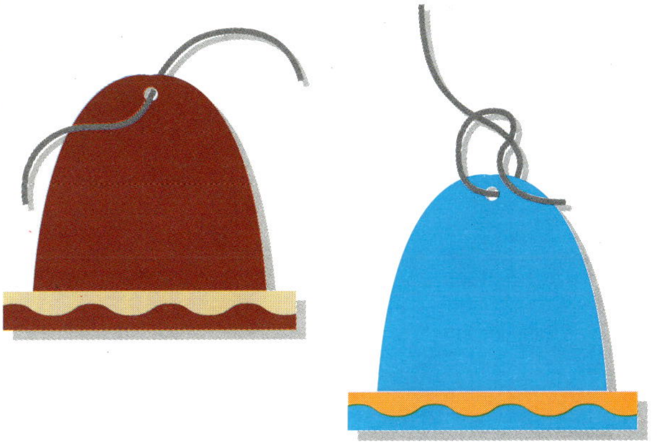

5 Enfiler un morceau de fil de nylon de 5 cm au bout de chaque cloche et faire un nœud. Nouer l'autre extrémité du fil de nylon au bout d'un morceau de fil de fer. Disposer les 8 cloches selon le plan de montage et suspendre le mobile.

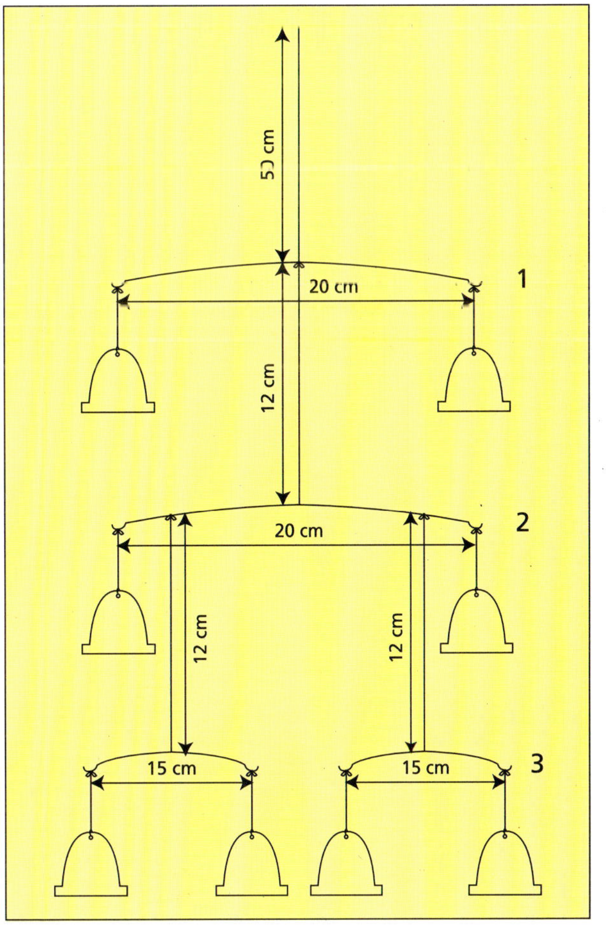

Fête d'Halloween

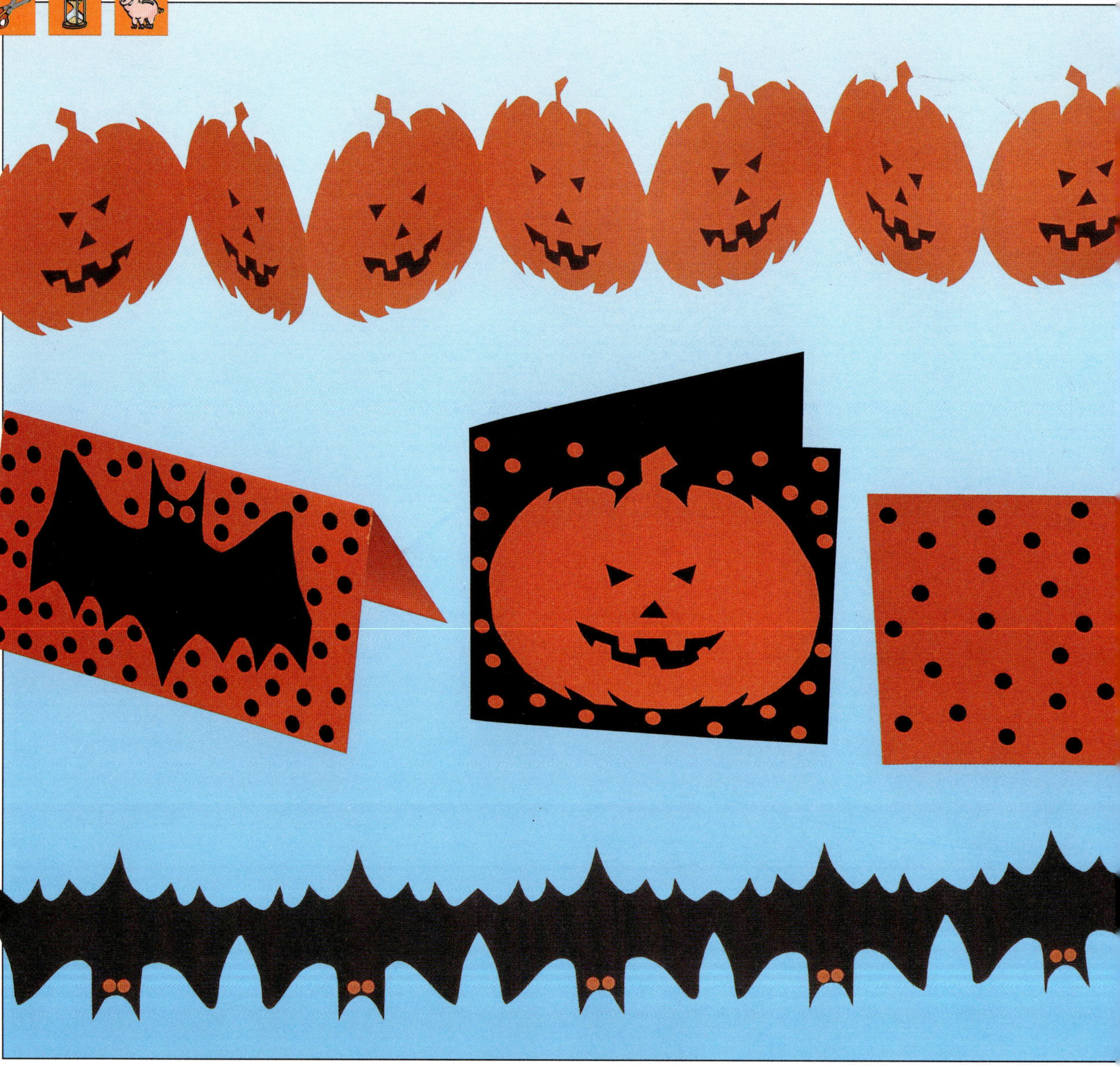

Matériel

papier 50 × 65 cm
orange et noir,
crayon à papier,
règle, ciseaux,
perforatrice,
colle,
calque ou papier fin,
patrons page 248.

Ribambelles

1 Dans du papier de couleur, dessiner une bande de 65 cm de long, de 8 cm de haut pour la chauve-souris ou de 11 cm de haut pour la citrouille. La découper.

Au bord de la bande, reporter le patron de la citrouille ou de la chauve-souris.

2 Plier la bande en accordéon en laissant une petite languette au bout. Bien maintenir l'accordéon. Découper toutes les épaisseurs sans découper la partie en pointillés. Fabriquer une deuxième ribambelle.

3 Coller ensemble deux ribambelles avec la languette.

4 Reporter et découper des bouches, des nez et des yeux de citrouille. Puis perforer les yeux de la chauve-souris et les coller.

Cartes d'invitation

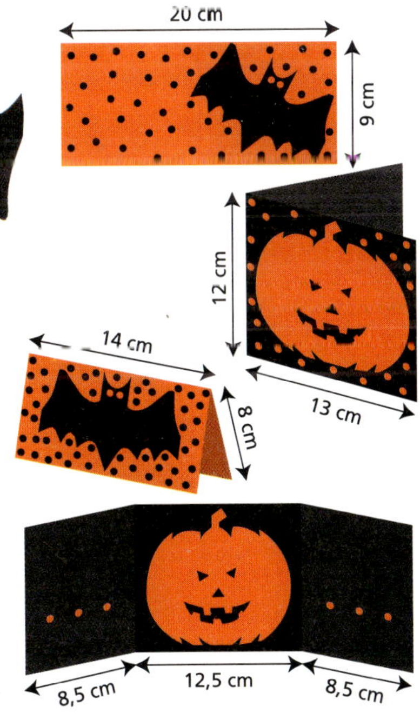

Reproduire les patrons page 248. Fabriquer des confettis avec la perforatrice. Coller les motifs sur des cartes simples, doubles ou triples ou des enveloppes.

Lanternes d'Halloween

Matériel

carton, peinture, ciseaux, cutter, colle, papier vitrail, fil électrique, bocal et bougie, scotch double-face, calque ou papier fin, patrons page 250.

1 Reporter le patron de la citrouille ou de la chauve-souris sur du calque ou du papier fin. Le découper.

Tracer le contour sur le carton et dessiner les détails au crayon à papier.

Découper le carton aux ciseaux ou le faire découper par un adulte au cutter.

2 Demander à un adulte de découper et d'évider au cutter les yeux, le nez, la bouche et les joues de la citrouille ou les détails de la chauve-souris.

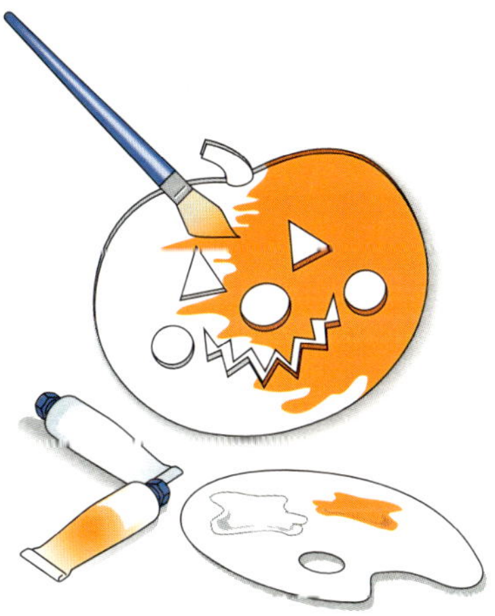

3 Appliquer une couche de peinture blanche sur la citrouille ou sur la chauve-souris. Bien laisser sécher. Peindre la citrouille et la chauve-souris en orange, jaune et rouge. Bien laisser sécher la peinture.

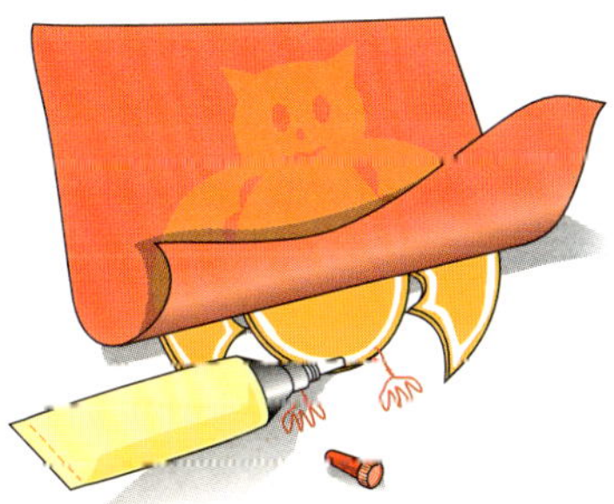

6 Choisir un bocal adapté à la citrouille ou à la chauve-souris. Le nettoyer et bien l'essuyer.

4 Fabriquer un ressort en fil électrique. Percer le haut de la citrouille pour y glisser le ressort. Percer 2 trous sur la chauve-souris et créer des pattes en fil électrique.

5 Coller une feuille de papier vitrail à l'arrière de la citrouille et de la chauve-souris. Bien laisser sécher puis découper le papier qui dépasse.

7 Coller du scotch double-face sur le bocal. Fixer la silhouette dessus. Placer une bougie dans le bocal en veillant à ne jamais la laisser allumée sans surveillance.

Cartes feuilles

Matériel

papiers de couleur,
crayon à papier,
ciseaux,
aiguille à coudre,
ficelle dorée,
calque ou papier fin,
patrons page 252.

1 Reporter 2 petites feuilles par carte dans du papier de couleur suivant le patron page 252.

2 Découper les feuilles aux ciseaux. Avec une aiguille, percer le trou indiqué sur le patron.

3 Dans le papier de couleur, reporter le patron de la carte feuilles au crayon à papier puis le découper.

4 Avec une aiguille, percer les trous indiqués sur le patron. Passer la ficelle, faire un nœud à l'intérieur de la carte puis enfiler la ficelle dans la petite feuille.
Procéder de la même façon pour réaliser l'autre côté de la carte.

5 Écrire un message au feutre à l'intérieur de la carte. Replier chaque demi-feuille. Fermer la carte en nouant les deux brins de ficelle dorée. Disposer dans une enveloppe assortie à la carte.
Créer d'autres cartes de Noël sur le même principe en dessinant un sapin, une feuille de houx ou une boule de Noël.

Boules de Noël

Matériel

boules en polystyrène de
5 cm de diamètre,
ruban fin ou ficelle dorée,
colle et ciseaux,
papier de soie ou crépon,
épingles à tête ou punaises.

1 Avec la pointe des ciseaux, creuser le haut de la boule. Verser de la colle dans le creux et enfoncer le ruban plié en deux.

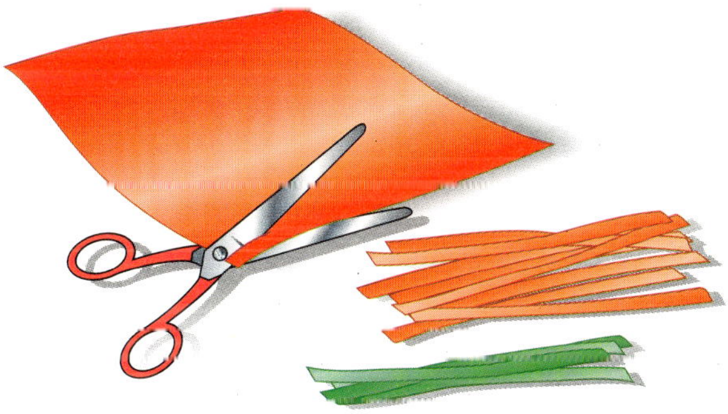

2 Découper environ 60 bandes de papier de 2 × 8 cm et 7 bandes d'une autre couleur ou utiliser des épingles à tête.

3 Froisser les bandes entre les doigts pour former des boulettes. Encoller le haut de la boule et coller les boulettes dessus.

4 Encoller le milieu de la boule et fixer les boulettes de papier froissé dessus en changeant de couleur de temps en temps. Procéder ainsi pour recouvrir toute la boule. Bien laisser sécher.

5 Réaliser d'autres boules en les enfermant dans un carré de papier de soie ou de crépon de 23 cm de côté noué par un ruban. Recouper les bords aux ciseaux.

On peut également recouvrir une demi-boule de papier crépon et la fendre au milieu pour y glisser un carton marque-place.

Saint Nicolas

Matériel

plaques ou chutes de mousse de différentes couleurs, crayon à papier, 2 yeux mobiles de 7 mm de diamètre, ciseaux, colle, calque ou papier fin, patrons page 252.

Saint Nicolas trouvera sa place sur le sapin de Noël. Mais on peut également l'accrocher sur une porte.

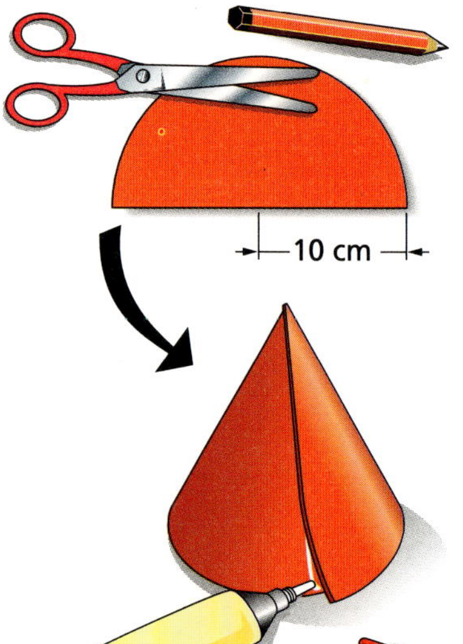

1 Au crayon à papier, tracer un demi-cercle de 10 cm de rayon sur la mousse. Le découper aux ciseaux. Le coller pour former un cône. Maintenir le collage et laisser sécher.

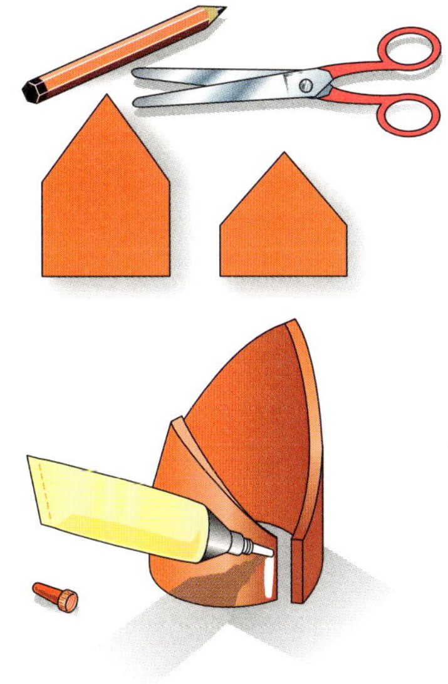

2 Au crayon à papier, reporter les patrons du chapeau de Saint Nicolas sur la mousse. Les découper et les coller. Maintenir le collage et laisser sécher.

Une bonne idée de cadeau de Noël : un décor de mousse sur une boîte peinte.

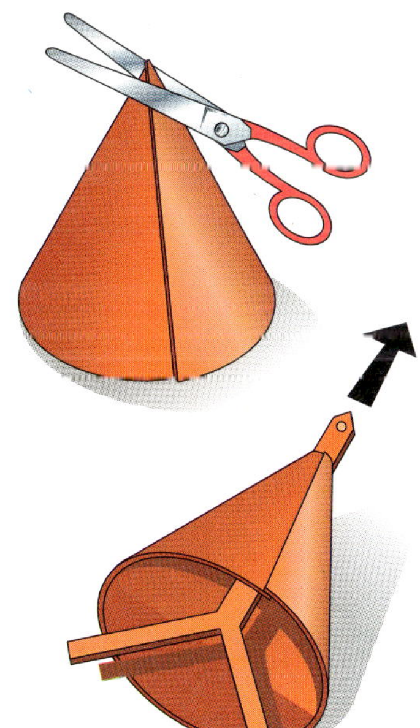

3 Reporter le patron des jambes sur la mousse et les découper. Percer un petit trou en haut de la tige. Couper le sommet du corps pour que la tige des jambes puisse dépasser.

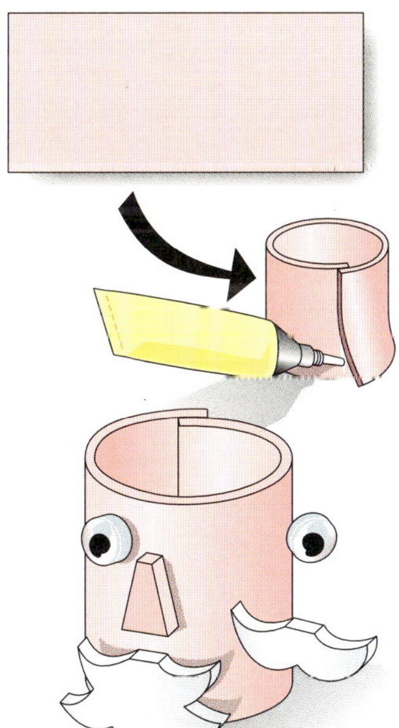

4 Découper un rectangle de 4 × 10 cm. L'enrouler et le coller pour former la tête. Reporter les patrons des moustaches et de la barbe et les coller sur la tête. Coller 2 yeux mobiles.

5 Découper et coller les bras, les mains, les bottes, la crosse et la hotte. Assembler Saint Nicolas. Fabriquer des cadeaux. Les glisser dans la hotte. Passer un fil en haut des jambes.

Lampions de fête

Matériel

métal en feuilles, perforatrice ou emporte-pièces, crayon à papier, règle, aiguille ou épingle, ciseaux, scotch, bougies et pots de yaourts en verre.

1 Sur les feuilles de métal dorées ou argentées, tracer des rectangles de 8 × 22 cm ou 16 × 22 cm avec une règle et un crayon à papier. Pour le lampion sapin, dessiner une forme de sapin de 11 cm de haut en prévoyant en plus une languette de 4 cm de haut pour poser une bougie. Découper les formes aux ciseaux.

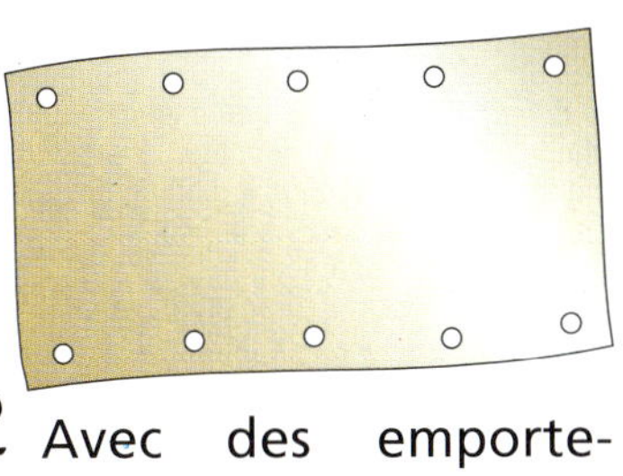

2 Avec des emporte-pièces ou une perforatrice, pratiquer des ouvertures sur la partie haute et la partie basse des lampions. Répéter régulièrement les motifs pour créer une frise.

3 Au crayon, dessiner des étoiles ou des cœurs sur le lampion. Avec l'aiguille, piquer le contour des dessins.

4 Évider un petit triangle au bas du sapin et replier la languette. Si on le souhaite, peindre certains motifs.

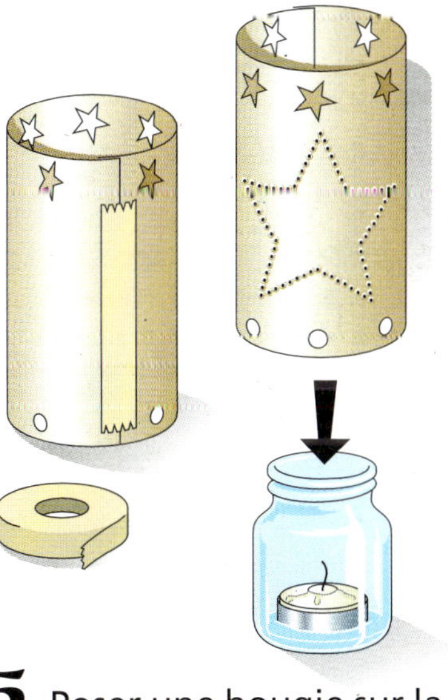

5 Poser une bougie sur la languette du sapin. Disposer les autres dans des pots de yaourts en verre remplis avec un peu d'eau. Scotcher l'arrière des lampions.

Bien veiller à ne jamais laisser les bougies allumées sans surveillance.

Cartes de vœux

Matériel
papiers de couleur,
règle,
crayon à papier,
ciseaux,
colle,
colle pailletée.

1 Plier une feuille en deux. Découper des cartes carrées de 12 cm de côté et des cartes rectangulaires de 10,5 × 15 cm.

2 Sur d'autres feuilles, dessiner des sapins. Les découper aux ciseaux. Les coller sur des papiers de différentes couleurs.

3 Avec la colle pailletée, tracer le contour du sapin en appuyant régulièrement sur le tube. Bien laisser sécher.

4 Choisir deux autres couleurs de colle pailletée. Dessiner les boules de Noël avec une couleur et l'étoile en haut du sapin avec l'autre couleur. Bien laisser sécher.

5 Utiliser ce motif pour réaliser des décors de sapin. Dessiner un sapin en prévoyant la place des boules et de l'étoile. Le découper et tracer les motifs à la colle pailletée. Percer un trou et le suspendre avec un ruban.

Tempête de neige

Matériel

petits pots en verre,
pâte à modeler de différentes couleurs
paillettes,
petite cuillère,
torchon,
petite brosse,
peinture.

Voici des petits pots remplis d'eau et de paillettes à secouer pour déclencher une belle tempête de neige.

1 Remplir le couvercle du pot de pâte à modeler. Bien tasser et refermer le pot : la pâte s'accumule au milieu.

2 Ouvrir à nouveau le pot. Sur la pâte du couvercle, modeler la forme de base du personnage ou du paysage. Fabriquer une boule et l'étirer pour faire les corps, les montagnes, la base du sapin…

3 Modeler des boules et des boudins pour créer les têtes et les détails. Les souder sur les formes de base en appuyant bien.

4 Verser des paillettes dans le pot. Le remplir d'eau à ras bord. Mélanger légèrement avec une petite cuillère pour que les paillettes ne s'accumulent pas au fond du pot.

5 Au-dessus d'un évier, fermer délicatement le pot. Forcer pour fermer : l'eau en excès doit déborder. S'il y a de grosses bulles d'air, ouvrir à nouveau le pot et ajouter de l'eau. Essuyer l'eau sur les parois du pot.

6 Peindre le couvercle en blanc. Laisser sécher. Repasser une deuxième couche. Laisser sécher. Retourner le pot et regarder les paillettes tournoyer dans l'eau.

Bougies et bougeoirs

Matériel

2 bougies,
peinture et pinceaux,
règle, pièce
de monnaie,
argile autodurcissante,
petite cuillère,
1 bouchon de feutre,
1 allumette,
1 grosse aiguille,
bougies chauffe-plat.

Attention, ne jamais laisser les bougies allumées sans surveillance.

Bougies

1 Prendre la mesure de la bougie et la diviser en sept en faisant une marque avec l'ongle. Pour la grosse bougie, incruster une pièce de monnaie tout autour de la surface de la bougie.

2 Peindre la bougie arc-en-ciel en respectant les couleurs de la photo. Laisser sécher entre chaque bande. Peindre les pois de la grosse bougie. Laisser sécher.

Bougeoirs

1 Modeler une boule moyenne. L'aplatir et appuyer une bougie chauffe-plat dessus pour faire une marque. Creuser le bougeoir à la petite cuillère.

2 Modeler des bords bien arrondis. Tracer les motifs et les détails avec une allumette, un bouchon de feutre, une aiguille. Peindre les bougeoirs en s'inspirant de la photo. Laisser sécher.

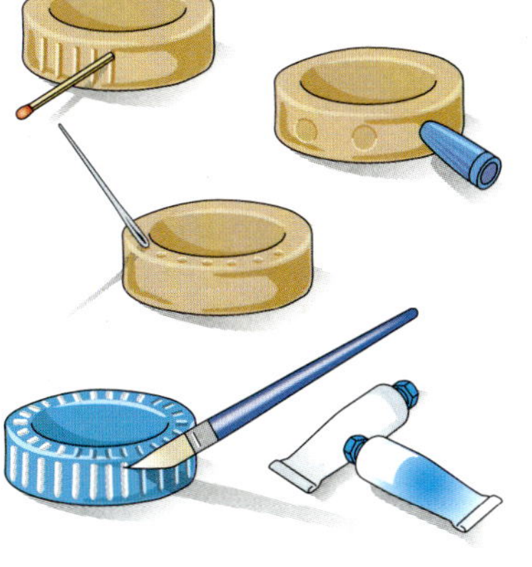

Guirlandes colorées

Matériel
papier crépon de différentes couleurs,
ciseaux,
colle ou agrafeuse.

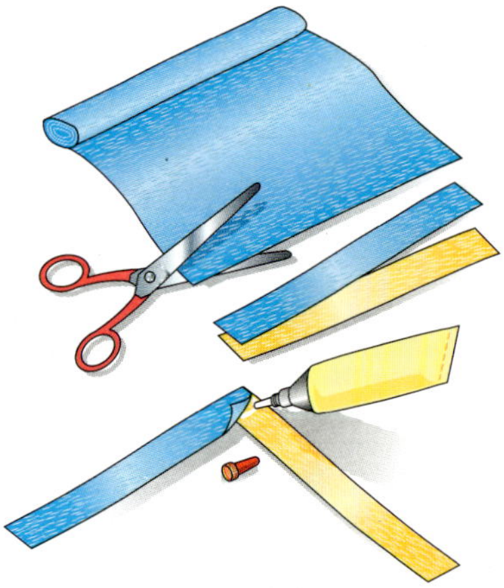

1 Dans le papier crépon, découper de très grandes bandes de 8 cm de large. Procéder de la même façon et découper des bandes de couleur différente de la même taille.
Superposer et croiser les 2 bandes de papier crépon à leurs extrémités. Poser un point de colle sur les bandes pour les assembler.

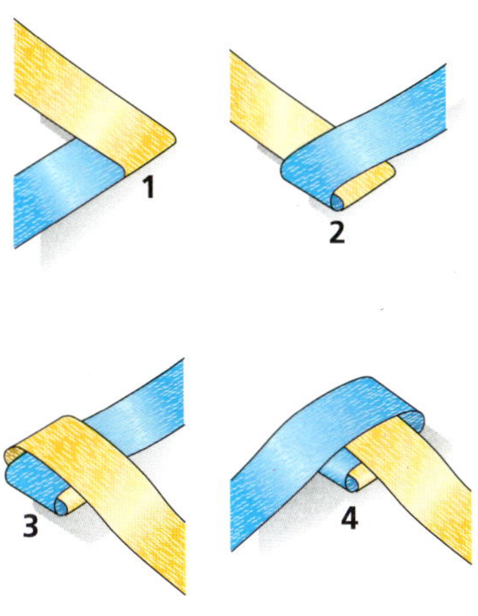

2 Croiser les bandes de papier crépon dans un sens puis dans l'autre sens. Si la guirlande n'est pas assez longue, coller 2 nouvelles bandes de différentes couleurs et de 8 cm de large.

Recommencer à croiser les bandes pour obtenir la longueur désirée. Coller les extrémités de la guirlande.

3 Découper des bandelettes de 4 × 20 cm dans du papier crépon de deux couleurs. Pour une guirlande de 1 m, réaliser 25 bandelettes.

4 Former des anneaux en collant la bande sur elle-même. Préparer les anneaux d'une même couleur.

5 Former la guirlande en collant des bandelettes d'une autre couleur autour des anneaux que l'on vient de réaliser. Pour un résultat plus rapide, il est possible de relier les bandelettes aux anneaux en les agrafant.

Voici de nombreuses idées de créations au fil des saisons avec du papier, du carton ou des éléments naturels... Pour le printemps, l'enfant décore des pots de fleurs, réalise des mini-plantations. En été, il ramasse des coquillages et crée des cadres ou des personnages. En automne, il imagine des animaux-nature avec des noix ou des marrons et crée son papier à lettres personnalisé.

Pour les froides journées d'hiver, il sculpte des fruits de saison, réalise un mini-téléphérique ou des skieurs en pinces à linge. Une année de bricolage au rythme des saisons !

AU FIL DES SAISONS

Arbre printanier

Matériel

papier crépon
de différentes couleurs,
ciseaux, colle,
fil à coudre solide,
carton de récupération,
crayon à papier.

1 Découper une bande de papier crépon de 40 cm de long et 4 cm de large. La plier en accordéon tous les 4 cm.

2 Aux ciseaux, arrondir la partie haute de la bande pliée. Déplier et creuser chaque pétale en appuyant au centre avec les pouces.

3 Enrouler la bande de papier crépon sur elle-même. Fermer avec un point de colle, puis attacher la base de la fleur avec quelques tours de fil à coudre.

4 Réaliser 8 à 10 fleurs sur le même principe. Sur un carton, dessiner un arbre de 28 cm de haut puis le découper. Tracer une patte de collage de 4 × 13,5 cm et la découper.

5 Reporter la forme de l'arbre sur du papier crépon et le découper. Coller le papier crépon sur l'arbre. Replier la patte de collage à 2 cm et la coller au dos de l'arbre pour qu'il tienne debout. Coller les fleurs. Laisser sécher.

Sur le même principe, on peut réaliser une jolie botte de fleurs en papier crépon.

Baromètres rigolos

Matériel

bouchons, couteau,
cure-dents,
pâte à modeler autodurcissante,
colle,
crayon à papier,
pommes de pin,
peinture, pinceaux.

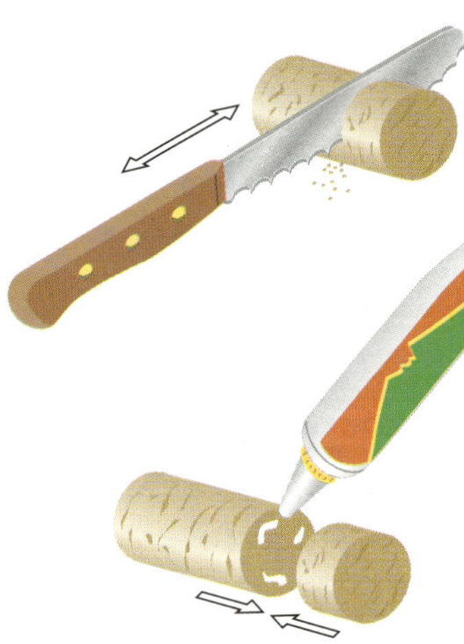

Voici des baromètres originaux. Si la pomme de pin s'ouvre, il fera beau ! Si elle se ferme, c'est signe de mauvais temps.

Bonshommes

1 Avec un couteau rond, découper un bouchon en deux. Le coller sur un bouchon entier pour faire le corps du personnage.

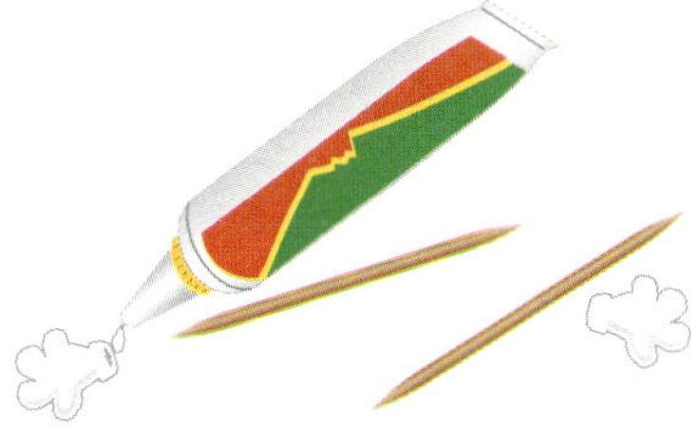

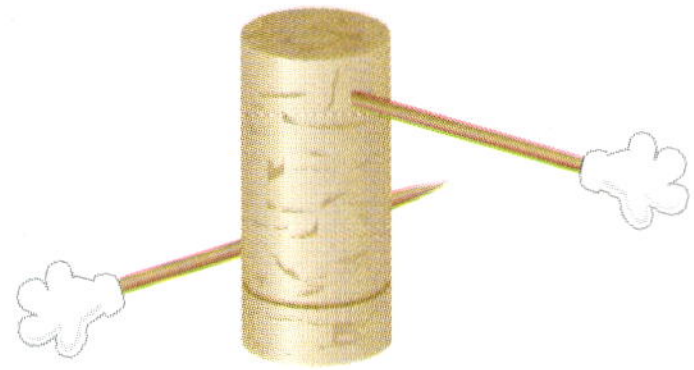

2 Fabriquer des mains en pâte à modeler autodurcissante. Les coller et les piquer au bout d'un cure-dent. Enfoncer les bras ainsi formés en haut du corps.

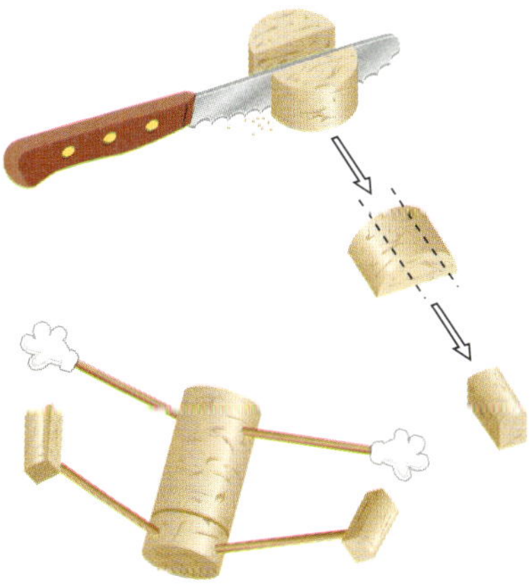

3 Couper une rondelle de bouchon en deux. Puis recouper chaque demi-rondelle en trois. Coller et piquer les pieds sur un cure-dent. Enfoncer les jambes ainsi formées de chaque côté du corps ou en dessous.

4 Pour la tête, coller la pomme de pin en haut du corps du personnage. Bien laisser sécher. Peindre le corps, les mains et les pieds. Laisser sécher.

Voici un drôle d'écureuil-baromètre.

Chien

1 Modeler un petit cône pour la tête, 2 boulettes pour les yeux et une boulette pour la truffe. Les souder en appuyant. Piquer les yeux avec un crayon.

2 Puis modeler 4 petites pattes. Imiter les griffes en striant chaque patte avec la mine d'un crayon.

3 Placer une pomme de pin à l'horizontale. Coller la tête du chien sur la pointe de la pomme de pin et les pattes sur les côtés. Laisser sécher et peindre.

Petits pots décorés

Matériel

petits pots en terre cuite,
crayon à papier,
gomme,
peinture,
petite brosse,
pinceau fin.

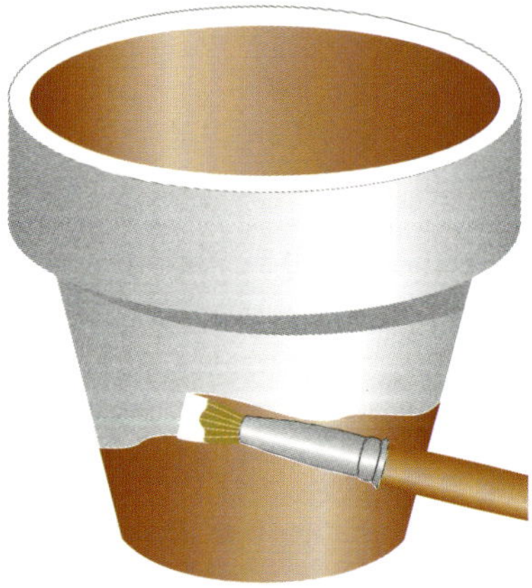

Ces petits pots décorés mettent en valeur les mini-plantes grasses ou vertes. La fraîcheur de leurs couleurs annonce le printemps.

1 Avec la petite brosse, appliquer d'abord une couche de peinture blanche sur le pot pour que la peinture colorée adhère bien sur la terre cuite. Laisser sécher.

3 Au crayon à papier, dessiner sans trop appuyer les motifs choisis tout autour du pot : feuilles, marguerites, pois, rayures…

4 Si le résultat ne convient pas, gommer les tracés et recommencer.

2 Suivant le modèle choisi, appliquer la peinture du fond avec la petite brosse. Bien laisser sécher. Au besoin, appliquer une deuxième couche. Laisser sécher. Ne pas peindre l'intérieur des pots.

5 Avec le pinceau fin, appliquer la peinture suivant les tracés au crayon à papier en choisissant des tons frais et printaniers. Bien laisser sécher.
Inventer d'autres motifs simples : carreaux, spirales, losanges, etc.

Mini-plantations

Matériel

œufs,
couteau,
coton,
graines de cresson,
petites fleurs
de jardin,
mousse végétale.

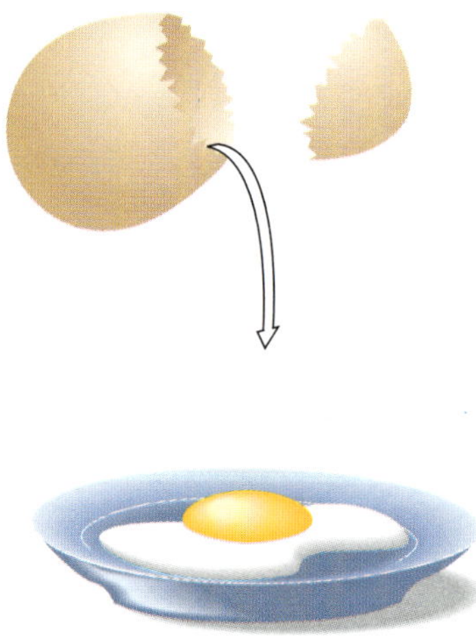

Ces mini-plantations sont très faciles à réaliser. Il suffit d'un peu de patience pour laisser les plantes pousser.

Mini-plantes

1 Avec un couteau, découper délicatement le haut de l'œuf. Le vider et conserver le blanc et le jaune pour faire de la cuisine. Rincer la coquille.

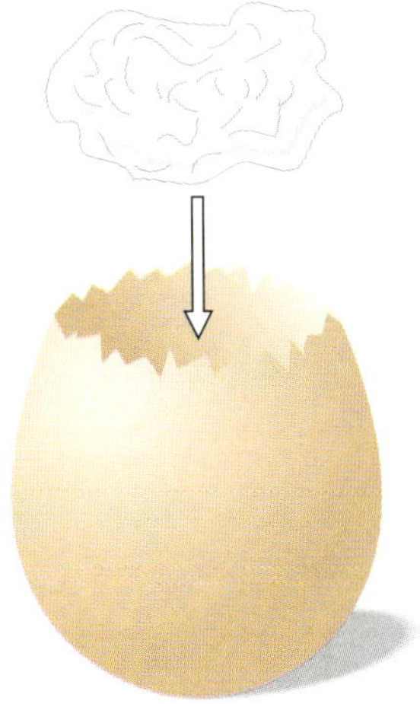

2 Découper un morceau de coton. Le passer sous l'eau pour qu'il soit bien imbibé. Le disposer au fond de l'œuf tout doucement pour ne pas briser la coquille.

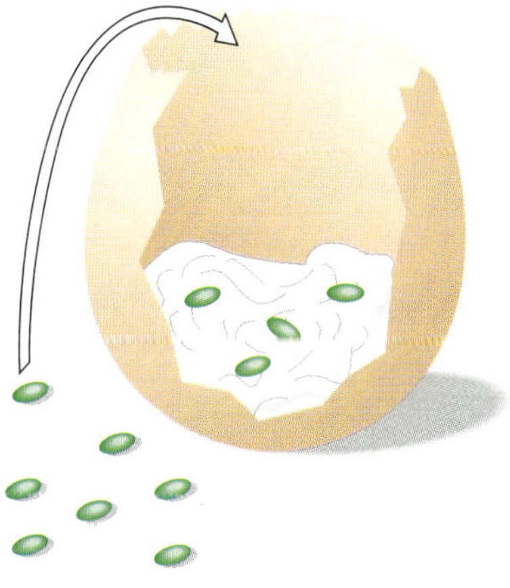

3 Déposer des graines de cresson au fond de l'œuf sur le coton imbibé d'eau. Chaque jour, veiller à vérifier que le coton reste bien humide. Si ce n'est pas le cas, verser un peu d'eau sur le coton pour l'imbiber.

4 Il suffit ensuite de patienter quelques jours pour obtenir des mini-pousses de cresson. On peut, de la même manière, faire pousser des lentilles.

Mini-bouquets

Ces mini-bouquets de fleurs annoncent le printemps de manière originale.

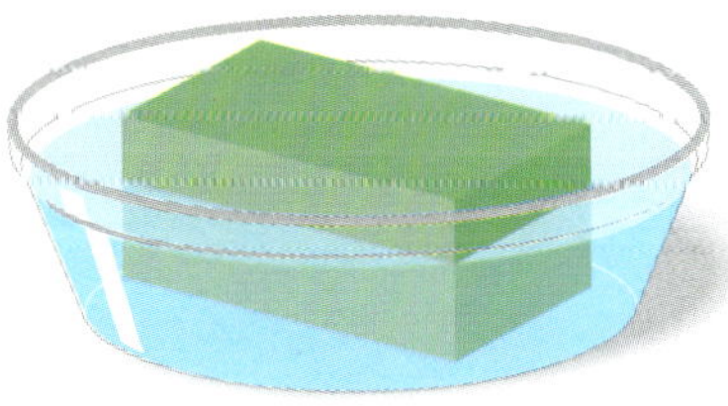

1 Acheter de la mousse végétale chez un fleuriste ou dans une boutique de jardinage. La maintenir une nuit dans l'eau froide. Casser le haut de l'œuf et le rincer.

2 Avec un couteau, tailler la mousse pour qu'elle rentre dans l'œuf. Enfoncer doucement les fleurs dans la mousse.

3 Humidifier souvent la mousse pour conserver le bouquet. On peut aussi remplir l'œuf d'eau et disposer des fleurs dans ce mini-vase.

Cahiers de vacances

Matériel

cahier ou carnet,
papier bleu, colle,
crayon à papier, ciseaux,
papiers de couleur,
papier blanc fin ou calque,
patrons page 253.

1 Poser le cahier ouvert sur le papier bleu. Tracer son contour au crayon à papier. Découper et coller le papier bleu sur le cahier.

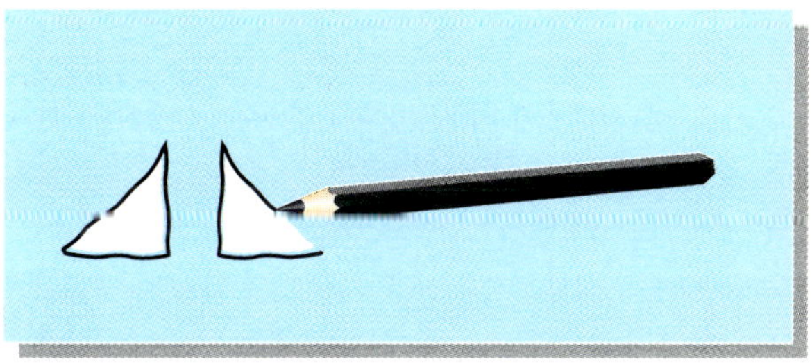

2 À l'aide du patron page 253, reporter plusieurs grandes voiles, petites voiles et coques de voiliers sur des papiers de couleur. Les découper aux ciseaux.

3 Reporter plusieurs fois le patron de l'étoile de mer page 253 sur du papier jaune. Découper les étoiles aux ciseaux.

4 Placer les motifs sans les coller sur le cahier ou le carnet de vacances tout en recherchant la meilleure disposition.
On peut aussi disposer les motifs marins comme sur l'une des photos.

5 Coller les voiliers et les étoiles en papier sur la couverture du cahier. Bien laisser sécher. On peut aussi décorer le dos du cahier avec les mêmes motifs.

Cartes-seaux

Matériel
feuille blanche épaisse,
crayon à papier,
ciseaux, règle,
peinture, pinceaux,
feutres,
gommettes,
papier fin blanc,
patrons page 253.

1 Au crayon à papier, reporter par transparence le patron du seau page 253 sur le papier blanc fin ou utiliser du calque. Découper le patron. Le disposer sur une feuille blanche épaisse et reporter ses contours.
Avec une règle, tracer le rectangle prévu pour écrire le message de la carte. Découper le seau.

2 Au crayon à papier, dessiner les motifs de son choix ou s'inspirer de ceux de la photo. Peindre la carte en utilisant des couleurs vives.

Veiller à ne pas peindre le rectangle blanc prévu pour inscrire le message. Bien laisser sécher la carte. Si nécessaire, appliquer une deuxième couche de peinture.

3 Décorer le seau à pois en collant des gommettes.

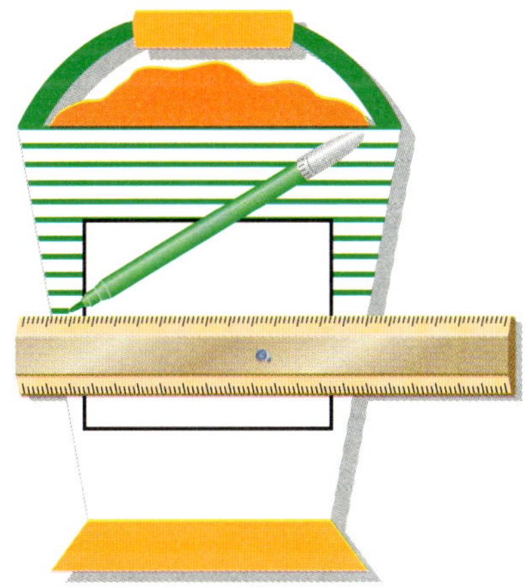

4 Pour le seau à rayures, tracer les lignes au feutre avec une règle en commençant par le haut.

5 Pour terminer, gommer le contour du rectangle blanc. Puis écrire un message au feutre noir.

Pot à crayons

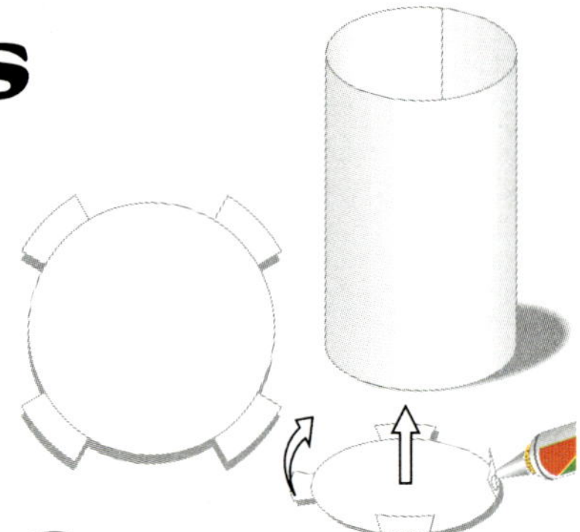

2 Dessiner un rond de la taille du tube en prévoyant 4 languettes de collage. Le découper aux ciseaux et le coller en bas du tube en rabattant les languettes.

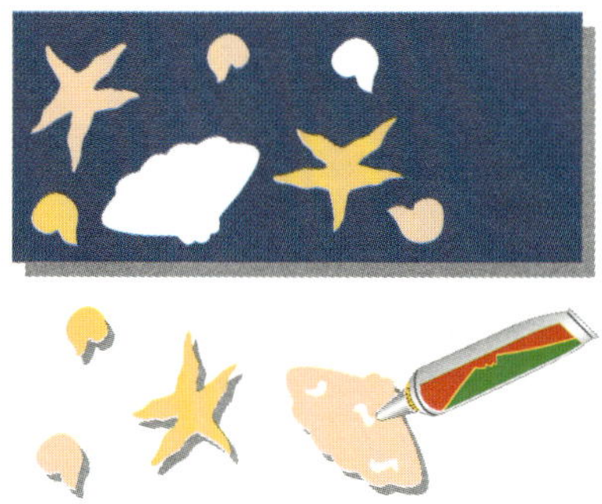

3 Reporter les patrons des coquillages page 245 et les découper dans du papier de couleur. Les coller sur la bande bleue.

Matériel

papiers de plusieurs couleurs,
bristol blanc,
crayon à papier,
règle,
ciseaux,
colle,
papier fin blanc,
patrons page 245.

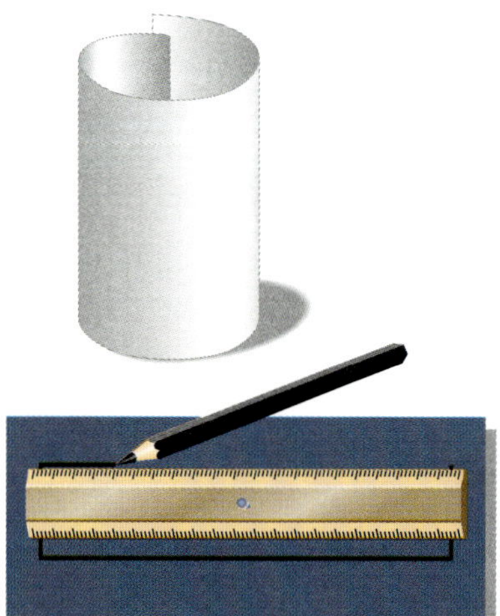

1 Tracer 1 bande blanche de 10 × 25 cm et 1 bleue de 10 × 45 cm. Les découper. Former un tube avec la bande blanche. Le coller.

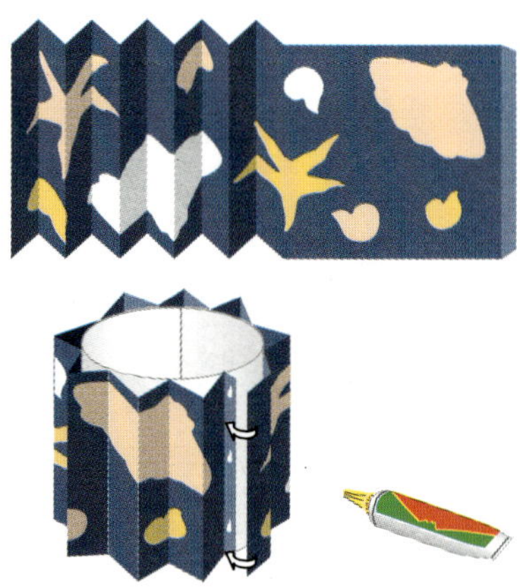

4 Former un accordéon avec la bande bleue en la pliant tous les 3 cm. Coller l'accordéon autour du tube blanc. Bien laisser sécher.

Collier étoilé

Matériel

papiers de couleur,
crayon à papier,
ciseaux, aiguille,
ficelle fine,
petits coquillages,
colle,
papier blanc fin,
patrons page 245.

1 Reporter suivant le patron page 245, 8 étoiles de mer sur du papier orange et jaune. Les découper.

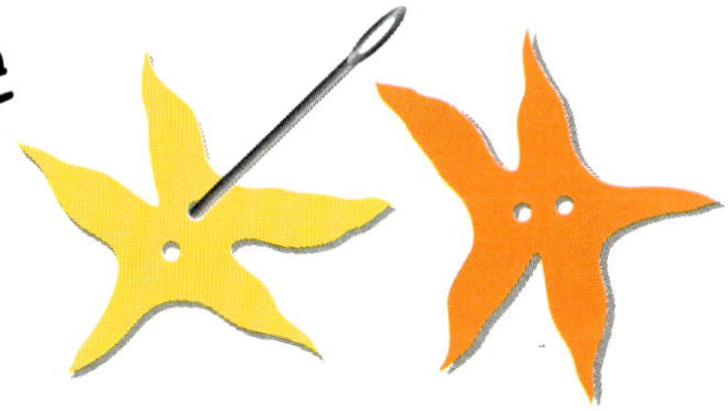

2 Avec la pointe des ciseaux ou une aiguille, percer 2 trous sur les étoiles pour pouvoir passer la ficelle.

3 Couper environ 60 cm de ficelle. La passer dans les étoiles de mer. Fermer le collier en le nouant.

4 Pour une finition parfaite, coller un petit coquillage au centre de chaque étoile de mer en papier. Maintenir le collage quelques minutes. Laisser sécher l'ensemble.

Fabriquer d'autres colliers avec d'autres motifs marins : poissons, coquilles Saint-Jacques, etc.

Cartes de la plage

Matériel
papier blanc, règle, crayon à papier, ciseaux, colle, cutter (avec un adulte), feutres, papiers de couleur, papier blanc fin, patron page 254.

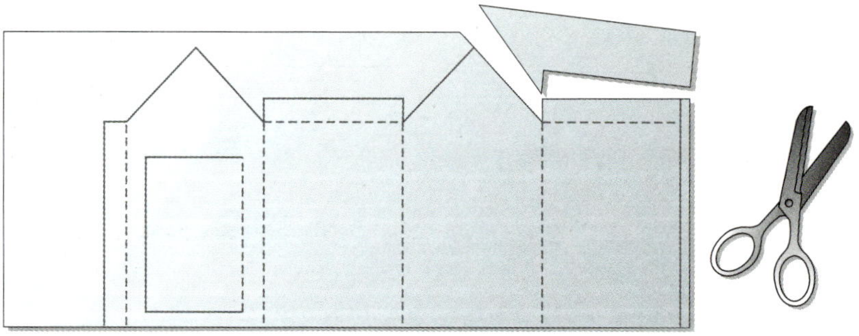

1 Reporter le patron de la cabine page 254 sur du papier blanc et le découper. Le poser sur une feuille blanche. Tracer ses contours puis le découper.

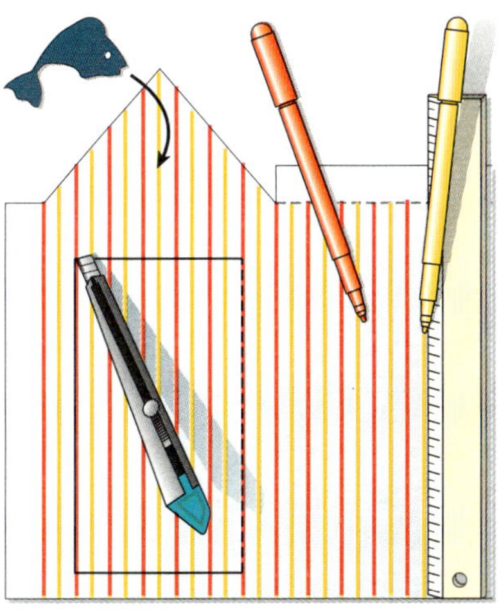

2 Tracer les rayures verticales des cabines au feutre et à la règle. Les espacer plus ou moins suivant le modèle choisi.
Demander à un adulte de découper l'ouverture de la porte au cutter.
Suivant le modèle choisi, coller un poisson ou une étoile de mer en papier au-dessus de la porte.

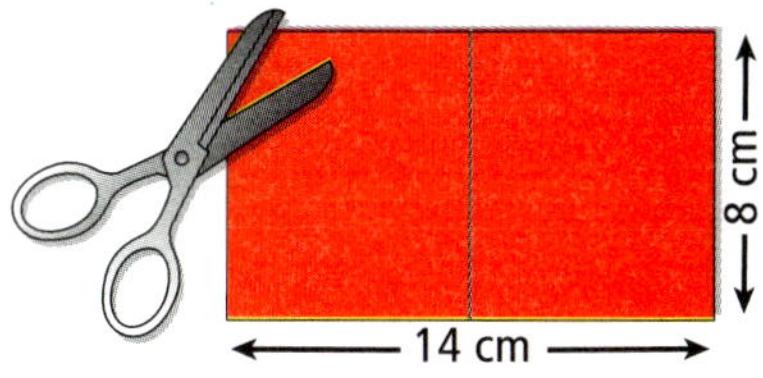

3 Reporter le rectangle du toit sur du papier de couleur et le découper. Le plier en deux dans le sens de la largeur.

4 Écrire un message au feutre sur la carte-cabine à l'emplacement indiqué sur le schéma.

5 Plier la carte-cabine suivant les pointillés. Coller la grande languette. Coller le toit sur les petites languettes. Si l'on souhaite envoyer la carte, il est préférable de l'expédier à plat avec un mode d'emploi.

Galets peints

Matériel

galets plats,
crayon à papier,
gomme,
peinture,
pinceau fin,
petite brosse,
vernis incolore (facultatif).

Pendant les vacances d'été, ramasser des galets de formes différentes. Les choisir bien plats pour faciliter l'application de la peinture.

1 Suivant le modèle choisi, commencer par dessiner le motif au crayon à papier. Si le résultat n'est pas satisfaisant, gommer et recommencer.

2 Avec la petite brosse, appliquer la peinture du fond. Laisser sécher. Appliquer une deuxième couche. Bien laisser sécher.

3 Avec le pinceau fin, peindre les détails en prenant garde de ne pas dépasser sur le fond. Bien laisser sécher.

4 Si nécessaire, appliquer une deuxième couche de peinture. Bien laisser sécher. Au besoin, appliquer une couche de vernis incolore.

Cadres de l'été

Matériel
papiers de couleur,
crayon à papier,
règle,
ciseaux, cutter,
colle, ficelle,
papier blanc fin,
patrons page 245.

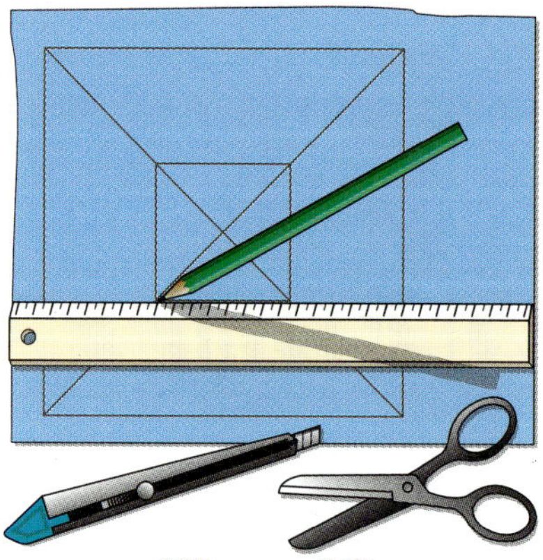

1 Sur une feuille de papier bleu, tracer un carré de 20 cm de côté. Avec la règle, tirer les diagonales entre les angles opposés. Au centre du carré, en dessiner un plus petit de 7,5 cm de côté. Demander à un adulte de l'évider au cutter. Découper le tour du cadre aux ciseaux.

2 Reporter les poissons page 245 sur du papier blanc fin. Les découper. Les reporter sur du papier de différentes couleurs. Les découper aux ciseaux.

3 Dessiner des petites pastilles dans du papier de différentes couleurs pour représenter des petits galets. Les découper aux ciseaux. Coller les poissons et les pastilles sur le cadre.

4 Sur une photo, sélectionner un carré de 8,5 cm de côté. Le tracer très légèrement avec une règle et un crayon à papier. Le découper aux ciseaux.

Coquillages et étoiles de mer prennent l'air du large et débordent librement du cadre.

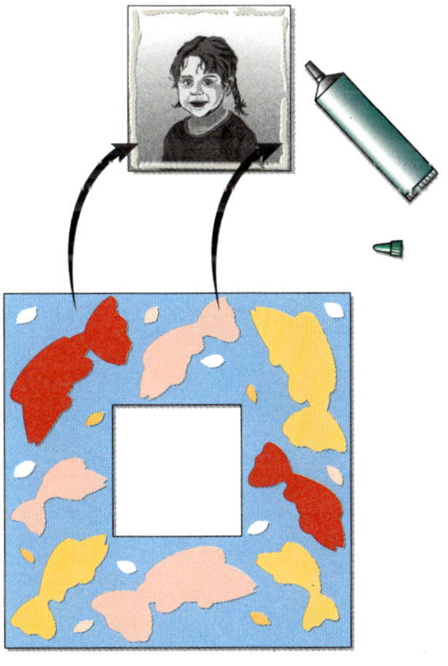

5 Encoller les bords de la photo. La coller derrière le cadre en maintenant le collage quelques minutes. Bien laisser sécher.

6 Si l'on veut suspendre le cadre, percer 2 petits trous en haut du carré avec la pointe des ciseaux.

7 Glisser un morceau de ficelle dans les trous. Ajuster la longueur. Nouer la ficelle au dos du cadre et le suspendre.

Coquillagiers

Matériel

carton, règle, crayon à papier, ciseaux, colle, papiers kraft de couleur, cartons ondulés de couleur, coquillages, raphia ou laine.

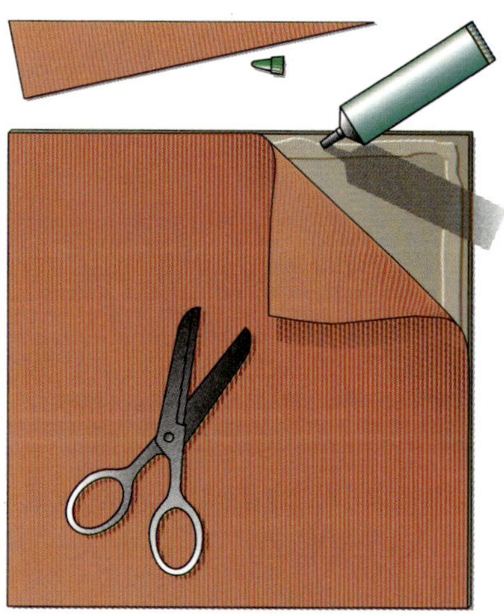

1 Dans du carton, découper un carré ou un rectangle aux ciseaux. Dans le kraft de couleur, découper exactement la même forme. Coller celle-ci sur le carton en appuyant. Bien laisser sécher.

Pour plus de facilité, on peut remplacer le kraft par de la peinture et peindre le carré ou le rectangle de carton.

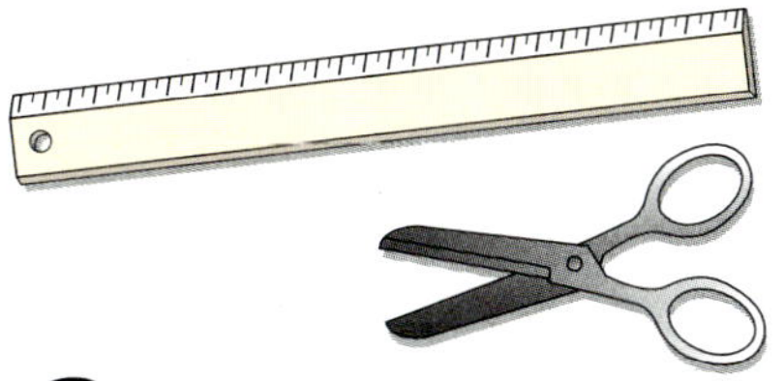

2 Dans du carton ondulé de couleur, découper un carré ou un rectangle légèrement plus petit. Le coller au milieu du coquillagier. Maintenir le collage quelques minutes. Bien laisser sécher.

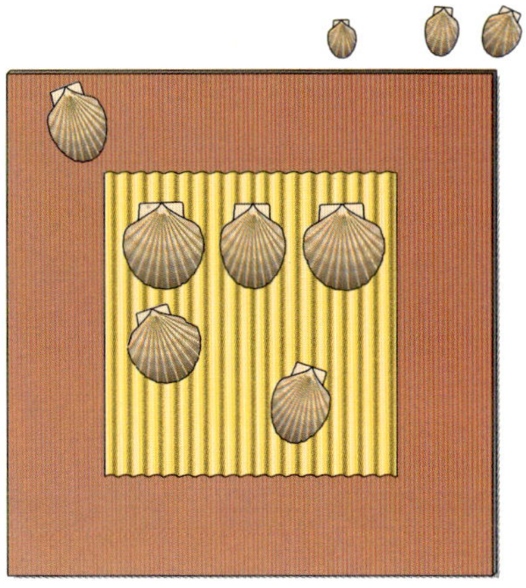

3 Coller des coquillages sur le carré ou le rectangle du centre en appuyant dessus. Bien laisser sécher.

4 Couper des brins de raphia ou de laine. Les coller sur le coquillagier. Bien laisser sécher.

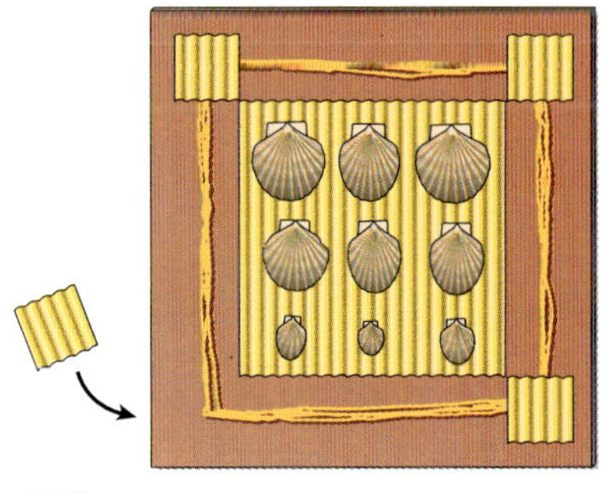

5 Dans les chutes de carton ondulé de couleur, découper des petits carrés ou des petits rectangles. Les disposer et les coller sur le coquillagier. Maintenir le collage quelques minutes. Bien laisser sécher.

Cadre-bouée

Matériel

papiers de couleur, compas, règle, crayon à papier, ciseaux, cutter, colle, ficelle, aiguille à coudre, papier blanc fin, patrons page 255.

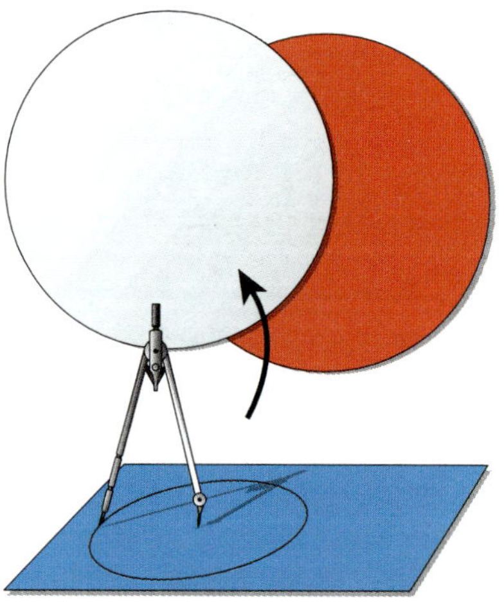

1 Avec un compas, tracer un cercle de 21 cm de diamètre sur une feuille blanche. Le découper aux ciseaux. Tracer un deuxième cercle de mêmes dimensions sur du papier rouge. Avec le compas, tracer un troisième cercle de 13 cm de diamètre sur du papier bleu. Le découper. Le coller au centre du cercle blanc. Laisser sécher.

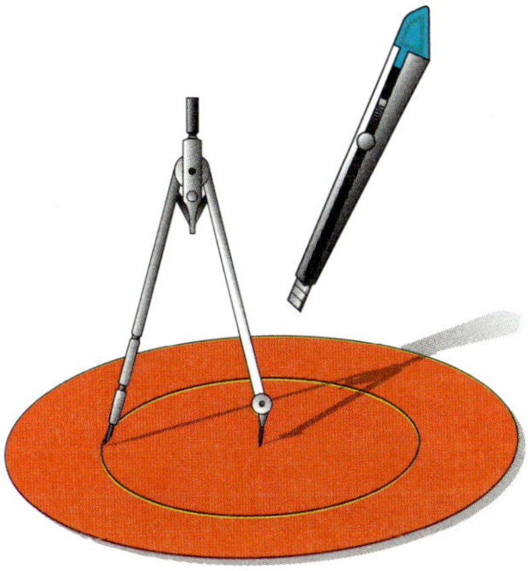

2 En partant du centre du cercle rouge, tracer un cercle de 13 cm de diamètre (6,5 cm de rayon). Demander à un adulte de l'évider au cutter pour former un anneau.

Sur le même thème, inventer d'autres cadres et coller une grande photo au centre de la bouée.

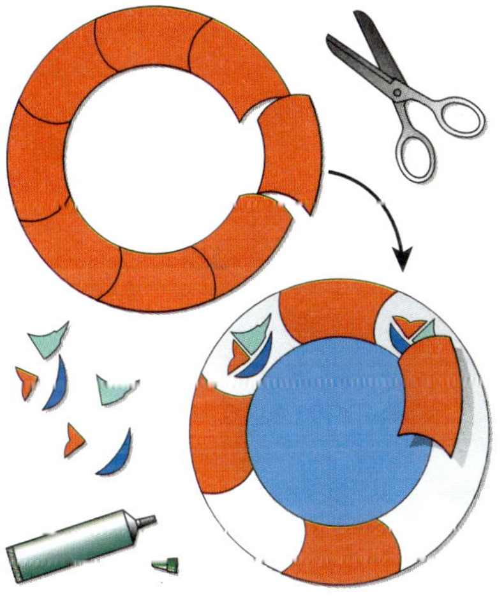

3 Au crayon à papier, dessiner 8 formes identiques dans l'anneau en papier rouge. En découper 4 aux ciseaux. Les coller autour du cadre blanc en les espaçant régulièrement. Bien laisser sécher.

4 Reporter 4 fois le patron du bateau page 255 sur des papiers de couleur. Découper les bateaux. Les coller entre les formes rouges. Bien laisser sécher.

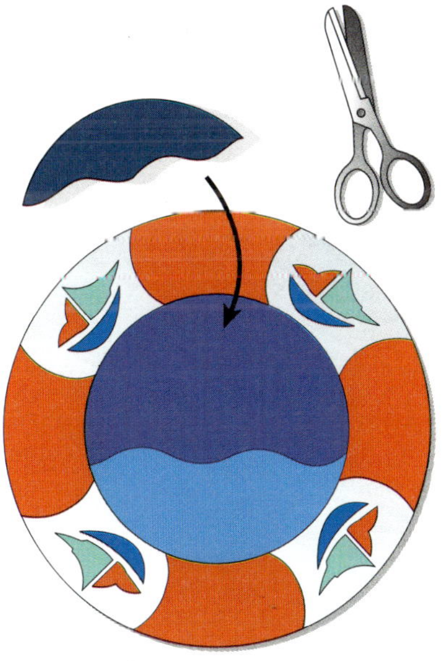

5 Découper 2 cercles de 13 cm de diamètre dans du papier de 2 bleus différents. Découper une vague dans chacun d'eux. Coller ces vagues sur le cercle bleu.

6 Découper 5 ou 6 photos d'identité. Les coller au centre du cadre-bouée. Bien laisser sécher.

7 Avec une aiguille ou la pointe des ciseaux, percer 2 trous en haut du cadre. Y glisser une ficelle. La nouer de chaque côté.

Figurines de l'été

Matériel

coquillages ramassés au gré des promenades : couteaux, palourdes, bucardes, coques, chapeaux chinois, bigorneaux, etc., colle à prise rapide.

1 Laver soigneusement tous les coquillages puis bien les essuyer.

2 Choisir un modèle, réunir tous les coquillages nécessaires à sa réalisation. Coller les éléments de la tête : oreilles, yeux, nez. Maintenir le collage quelques minutes. Laisser sécher.

3 Suivant le modèle choisi, ajouter et coller d'autres coquillages pour imiter un chapeau, des antennes, etc. Bien laisser sécher.

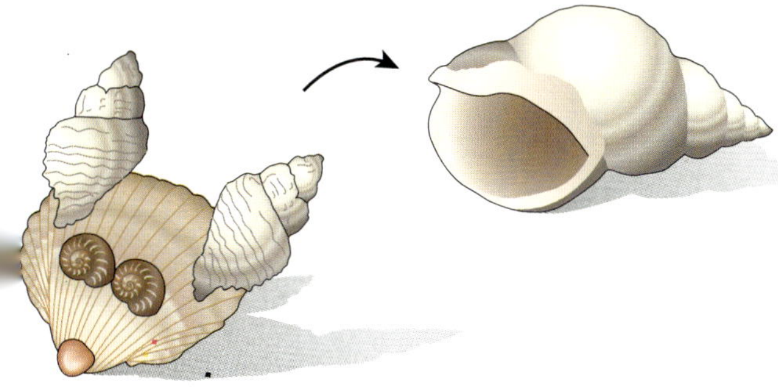

4 Pour faire le corps, choisir un coquillage un peu plus gros. Coller la tête de l'animal ou du personnage choisi en appuyant bien. Maintenir le collage quelques minutes. Bien laisser sécher.

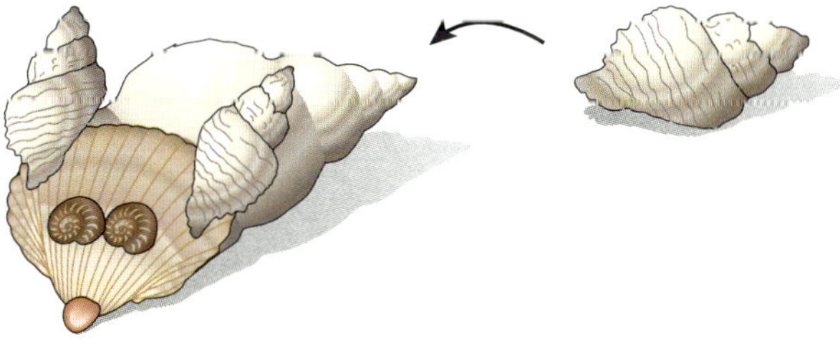

5 À l'autre extrémité du coquillage du corps, coller un coquillage plus petit pour représenter la queue de l'animal. Maintenir l'assemblage quelques minutes en appuyant. Bien laisser sécher.

Le corps des personnages est réalisé en superposant et collant plusieurs chapeaux chinois. Sur le même principe, on peut créer des figurines représentant des animaux debout : ours, lapin, ou d'autres personnages.

Alphabet d'automne

Matériel

carton de récupération,
crayon à papier, règle,
graines : lentilles, pois cassés,
maïs, anis étoilé, etc.,
ciseaux, colle.

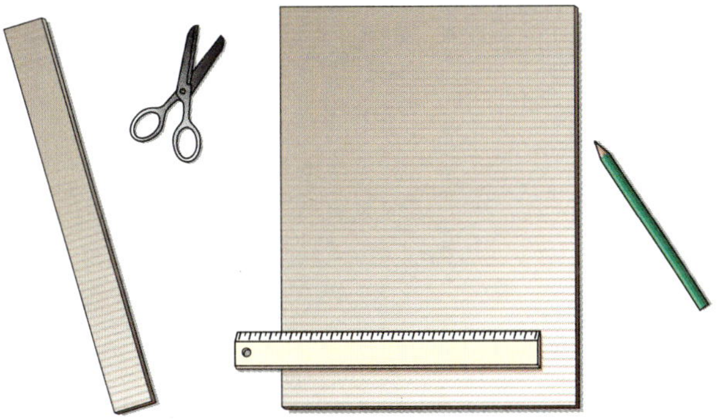

1 Avec une règle et un crayon à papier, tracer un rectangle de 30 × 40 cm sur le carton de récupération. Le découper aux ciseaux.

2 Avec un crayon à papier, écrire les lettres de l'alphabet en appuyant très légèrement. Les disposer en s'inspirant de la photo.

3 Réunir des graines de différentes espèces. Disposer des tas dans des coupelles pour faciliter le travail lors du collage.

4 Encoller la première lettre. Disposer les graines sur le tracé de la lettre en appuyant bien pour qu'elles adhèrent sur le carton. Maintenir le collage quelques minutes. Bien laisser sécher la lettre ainsi formée.

5 Encoller la lettre suivante. Disposer les graines dessus en appuyant bien. Maintenir le collage quelques minutes. Laisser sécher. Procéder de même pour les autres lettres.

Pour créer d'autres tableaux de graines et de végétaux, on peut utiliser des :

flageolets verts,
lentilles blondes,
pois cassés,
oranges ou citrons séchés,
feuilles de laurier,
marrons, châtaignes,
clous de girofle,
haricots blancs et rouges,
grains de café,
graines de tournesol,
graines de fenouil,
poivre vert.

Animaux-nature

Matériel

noix, graines de potiron, lentilles, marrons, peinture, pinceau, chenilles, ciseaux, colle, feutres, petite vrille, allumettes.

Animaux en noix

1 Casser une noix en deux en veillant à ne pas briser la coquille. Mettre les cerneaux des noix de côté.
Pour les tortues, peindre toute la coquille. Pour les coccinelles, peindre la tête et faire des pois sur le corps avec l'extrémité du pinceau. Laisser sécher.

2 Découper 4 à 6 brins de chenille aux ciseaux. Les plier en deux. Les coller sous la coquille de noix pour faire les pattes. Maintenir l'assemblage. Laisser sécher.

3 Pour les tortues, coller une graine de potiron sous la coquille de noix pour imiter la tête de l'animal. Laisser sécher. Coller ensuite 2 lentilles sur la tête pour faire les yeux. Maintenir le collage. Bien laisser sécher.

4 Pour les coccinelles, dessiner 2 petits points au feutre sur des lentilles. Les coller sur la coquille de noix pour imiter les yeux. Bien laisser sécher.

Animaux en marrons

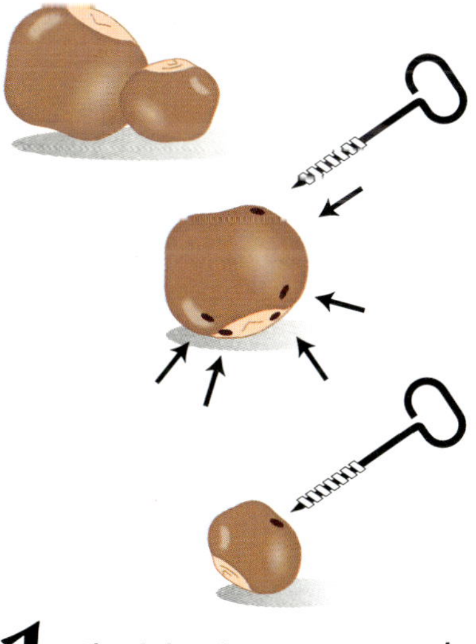

1 Choisir 2 marrons de tailles différentes. Demander à un adulte de percer 1 trou pour le cou et 4 trous pour les pattes dans le gros marron, et 1 autre trou dans le petit marron.

2 Décorer le petit marron en collant les 2 brins de chenille des oreilles et les lentilles décorées des yeux. Maintenir le collage. Laisser sécher.

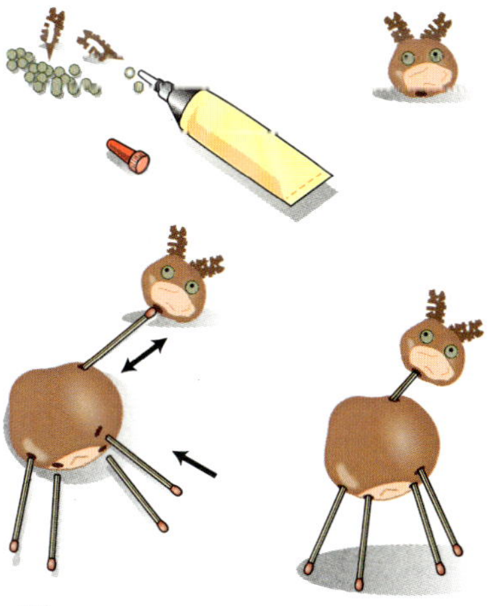

3 Enfoncer les 4 allumettes sous le corps. Piquer une allumette entre le corps et la tête. On peut remplacer les allumettes par des piques en bois.

Tableaux d'automne

Matériel

carton de récupération,
crayon à papier, règle,
ciseaux, colle,
papiers de soie de couleur.

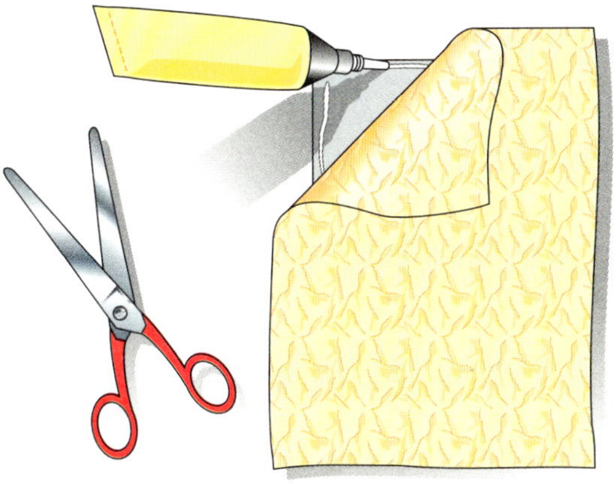

1 Sur le carton, tracer un rectangle de 16×24 cm. Le découper. Encoller les bords et le recouvrir d'une feuille de papier de soie froissée. Découper autour.

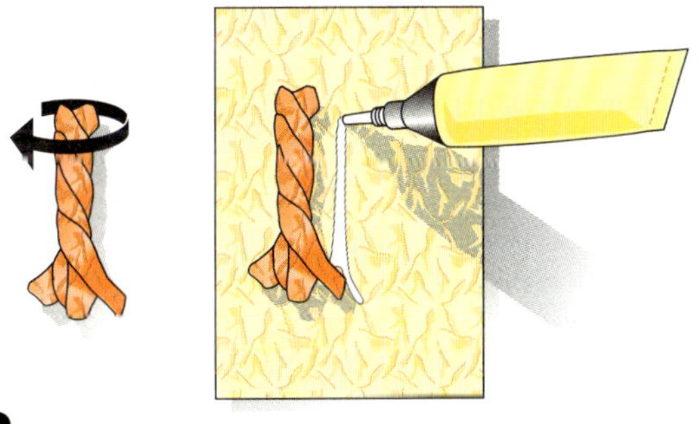

2 Tordre un morceau de papier de soie orange entre les doigts. Le coller sur le tableau pour imiter le tronc de l'arbre.

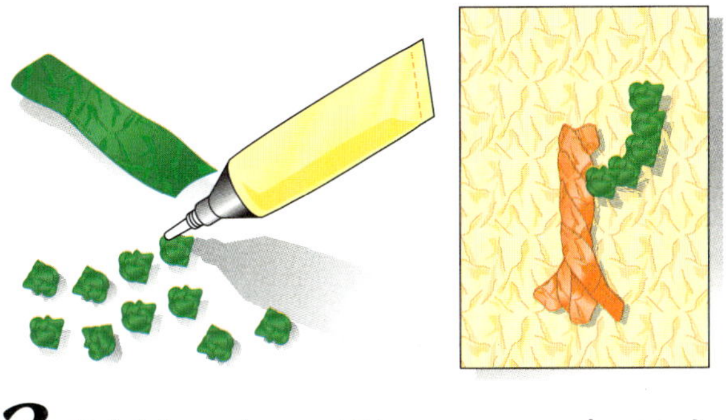

3 Déchirer des petits morceaux de papier de soie vert. Les froisser pour former des boulettes. Les coller au-dessus du tronc.

4 Déchirer des petits morceaux de papier de soie vert un peu plus clair. Les rouler entre les doigts pour former des boulettes. Les coller sur le tableau pour imiter les feuilles de l'arbre.

5 Tordre des morceaux de papier de soie vert entre les doigts. Les coller au pied de l'arbre ou sur le tronc comme des feuilles d'automne. Décorer le tableau en collant 4 triangles de papier de soie déchiré.

On peut aussi fabriquer un tableau sur le thème de la vigne et des vendanges.

Papier à lettres

Matériel
papier recyclé,
règle,
crayon à papier,
ciseaux,
feuilles d'arbres,
peinture, pinceaux.

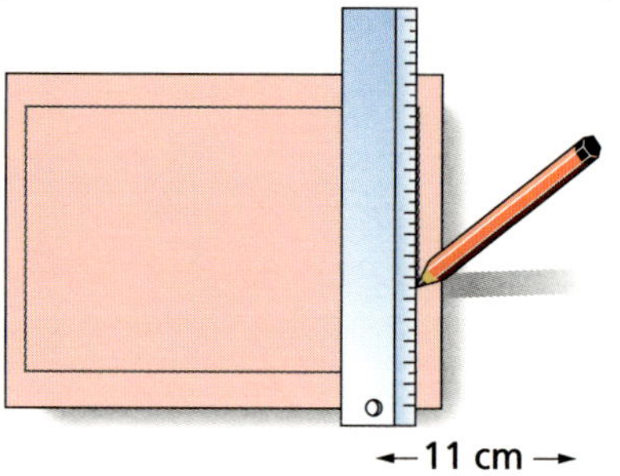

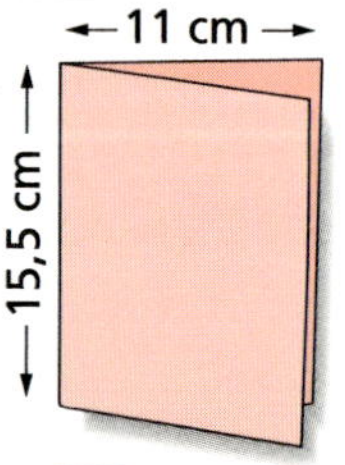

1 Avec une règle et un crayon à papier, tracer un rectangle de 15,5 × 22 cm sur du papier recyclé. Le découper aux ciseaux et le plier en deux pour faire une carte.

Pour fabriquer une feuille de papier à lettres, tracer un rectangle de 14,5 × 24,5 cm sur le papier recyclé. Le découper aux ciseaux.

2 Ramasser des feuilles d'automne. Avec le pinceau, appliquer de la peinture rouge sur une feuille d'automne. L'appuyer sur une carte ou sur une feuille de papier à lettres pour former une empreinte.
Créer ainsi plusieurs empreintes de la même couleur avec d'autres feuilles. Bien laisser sécher la peinture.

3 Appliquer de la peinture verte sur des feuilles. Former des empreintes pour décorer les cartes ou les feuilles de papier à lettres.

4 Bien laisser sécher la peinture. Former d'autres empreintes blanches.

5 Pour compléter le papier à lettres d'automne, décorer des petites ou des grandes enveloppes en appliquant des empreintes de feuilles plus petites. Réserver un emplacement pour coller un timbre.

Fruits décorés

Matériel

oranges, citrons jaunes et verts, feutre noir fin, couteau zesteur ou économe, clous de girofle, pique en bois, 1 m de ruban.

Décorer des oranges ou des citrons. Ils parfumeront les armoires ou décoreront la table de Noël.

Fruits sculptés

1 Au feutre noir fin, dessiner des motifs simples sur un citron ou une orange en s'inspirant des modèles proposés sur la photo. Laisser sécher le tracé.

2 Avec un couteau zesteur ou un économe, enlever le zeste en le repoussant tout en suivant les motifs dessinés. Procéder très délicatement en veillant à ne pas se blesser.

3 On peut aussi tracer de la même manière des pois, des rayures, des spirales ou des quadrillages sur les oranges ou les citrons.

Orange odorante

1 Tenir l'orange dans la main. Enfoncer une pique en bois dans sa chair pour former des petits trous. Les espacer régulièrement. Piquer des clous de girofle pour recouvrir toute l'orange.

2 Si l'on veut suspendre l'orange, nouer un ruban assez fin tout autour. Former un joli nœud ou une boucle en haut du ruban. Si nécessaire, recouper les extrémités du ruban en biais.

Mini-téléphérique

Matériel

planche de bois de 23 × 42 cm, carton, peinture, pinceaux, 2 clous de 6 cm, 1 marteau, 2 bobines vides, ficelle, ciseaux, crayon à papier, papier fort, papier blanc fin, patron page 255.

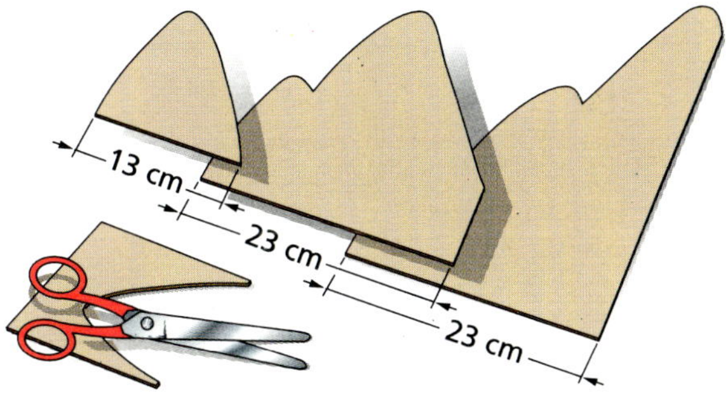

1 Dans le carton, découper 3 formes pour représenter les montagnes. Les coller sur la planche de bois en les faisant se chevaucher.

2 Dans le carton, découper des sommets, des nuages et le soleil. Les coller. Peindre le décor. Bien laisser sécher.

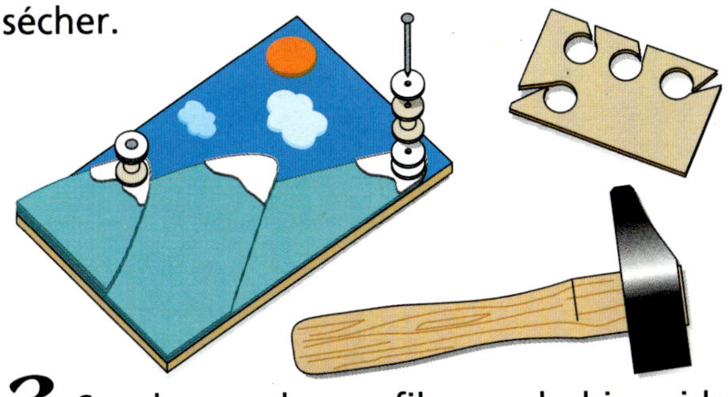

3 Sur chaque clou, enfiler une bobine vide et une ou plusieurs rondelles de carton suivant le schéma. Clouer le tout au sommet de la petite et de la grande montagne.

4 Au crayon à papier, reporter les différentes parties du patron du téléphérique page 255 sur du papier blanc fin. Les découper aux ciseaux. Les tracer sur du papier fort et les découper aux ciseaux.

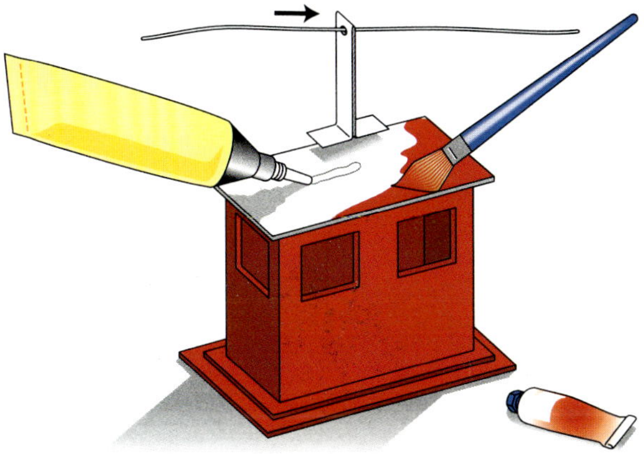

5 Assembler et coller les différentes parties du téléphérique en suivant le schéma. Bien laisser sécher. Peindre le téléphérique en rouge. Laisser sécher. Couper un morceau de ficelle de 65 cm environ. Le glisser dans le trou de la languette du téléphérique.

6 Passer la ficelle autour de chaque bobine fixée sur les montagnes. Ajuster la longueur pour que la ficelle soit assez tendue. Nouer la ficelle. Si nécessaire, recouper les brins qui dépassent.
Faire monter ou descendre le téléphérique en tirant délicatement sur la ficelle dans un sens ou dans l'autre.

Vive le ski !

Matériel
pinces à linge en bois, chenilles, boules de cotillon, bâtonnets plats, petits élastiques, cure-dents, peinture, pinceaux, tissu, colle, mousse en plaque.

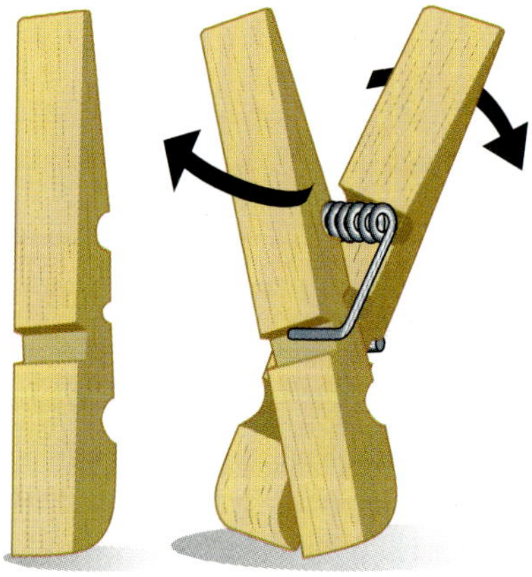

1 Le plus simple est d'acheter des pinces à linge déjà décortiquées, c'est-à-dire des demi-pinces. On peut se les procurer dans les magasins de loisirs créatifs. Si on ne dispose que de pinces complètes, les tourner dans le sens opposé au ressort. Faire attention à ne pas se piquer le doigt en enlevant le ressort.

2 Peindre les pinces à linge, les bâtonnets plats, les cure-dents et les boules de cotillon des visages avec des couleurs vives. Bien laisser sécher la peinture.

Des mini-skieurs bien emmitouflés prêts à glisser.

3 Enrouler un élastique autour des 2 pinces à linge. Piquer un cure-dent dans une boule de cotillon peinte. Le glisser entre les 2 pinces à linge. Coller l'ensemble pour maintenir le corps. Laisser sécher.

4 Découper un morceau de chenille. L'enrouler sur lui-même pour former un petit pompon. Le coller sur la tête du skieur en appuyant. Bien laisser sécher.

5 Nouer l'extrémité d'une chenille autour du cou du skieur. Encoller le haut des pinces et enrouler la chenille autour du corps pour créer un pull. Laisser sécher.

6 Pour les bras, enrouler 2 brins de chenille autour du cou. Pour les bottes, coller des chenilles en bas du corps.

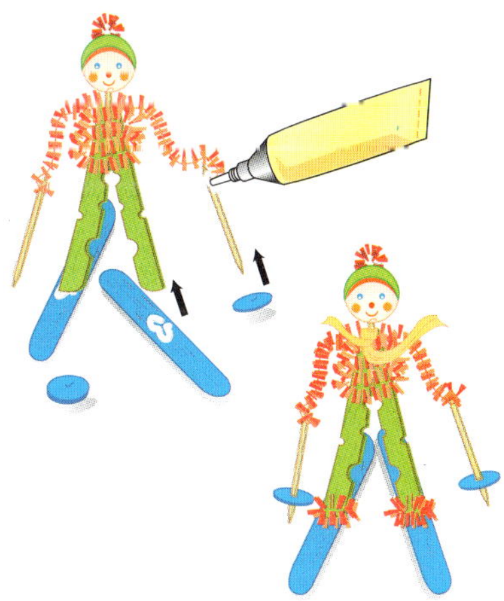

7 Enrouler et coller les bras autour des cure-dents. Glisser des ronds de mousse en bas des cure-dents. Coller le skieur sur les bâtonnets plats. Nouer l'écharpe.

Cristaux de neige

Matériel

papiers de soie de couleur, crayon à papier, règle, ciseaux et ciseaux crantés.

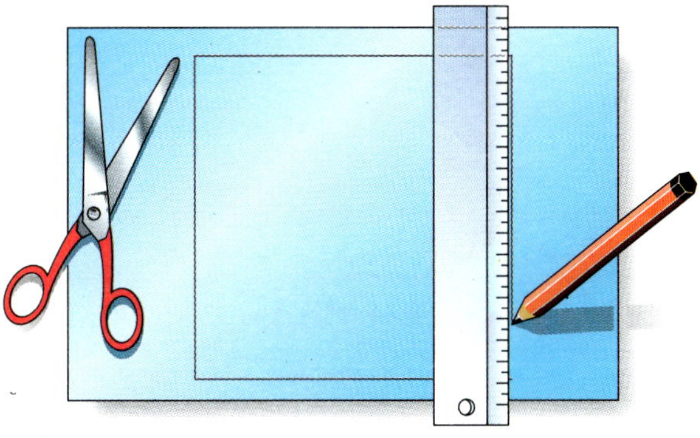

1 Au crayon à papier, tracer un carré de 20 cm de côté sur une feuille de papier de soie. Le découper aux ciseaux.

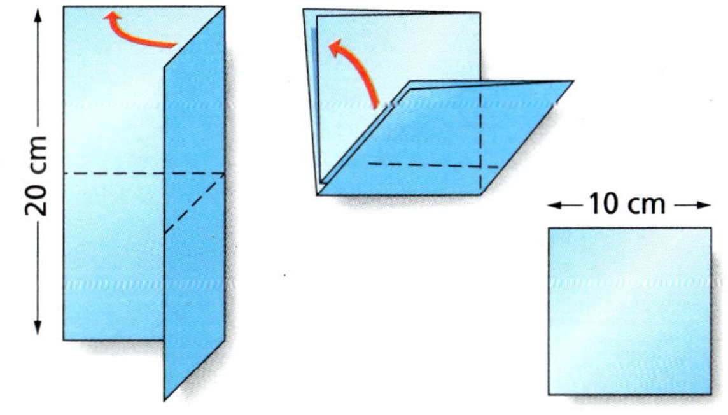

2 Plier le carré de papier de soie en deux. Le replier en deux pour obtenir un carré de 10 cm de côté.

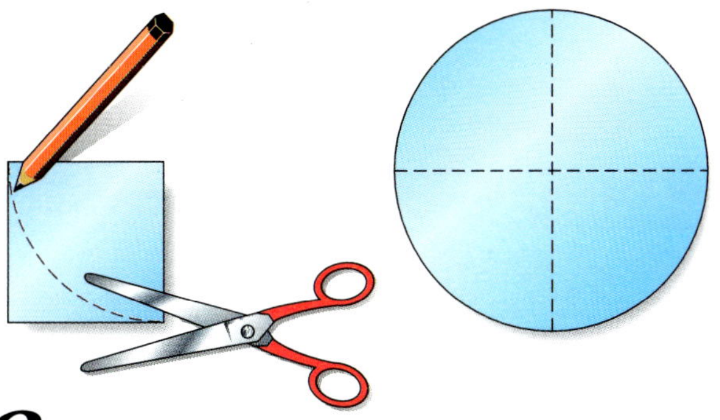

3 Au crayon à papier, dessiner un arc de cercle en partant de chaque angle du carré de papier de soie. Découper aux ciseaux droits ou crantés. Déplier : on obtient un cercle de papier.

4 Plier le cercle de papier de soie en deux. Le replier en deux : on obtient un premier triangle. Plier celui-ci en deux pour obtenir un nouveau triangle d'environ 7 cm de large.

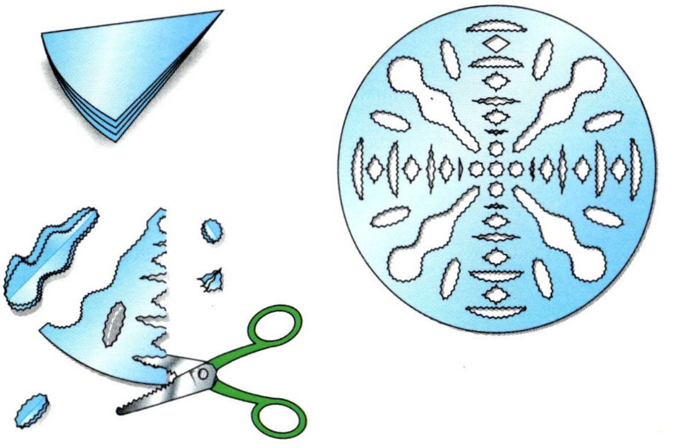

5 Avec les ciseaux crantés, découper plusieurs fois le triangle de chaque côté. L'ouvrir. Fabriquer plusieurs cristaux de neige. Réaliser un bonhomme de neige en coton et feutrine et le placer sur le décor de cristaux.

Un petit bonhomme de neige tout doux !

Index

Patrons

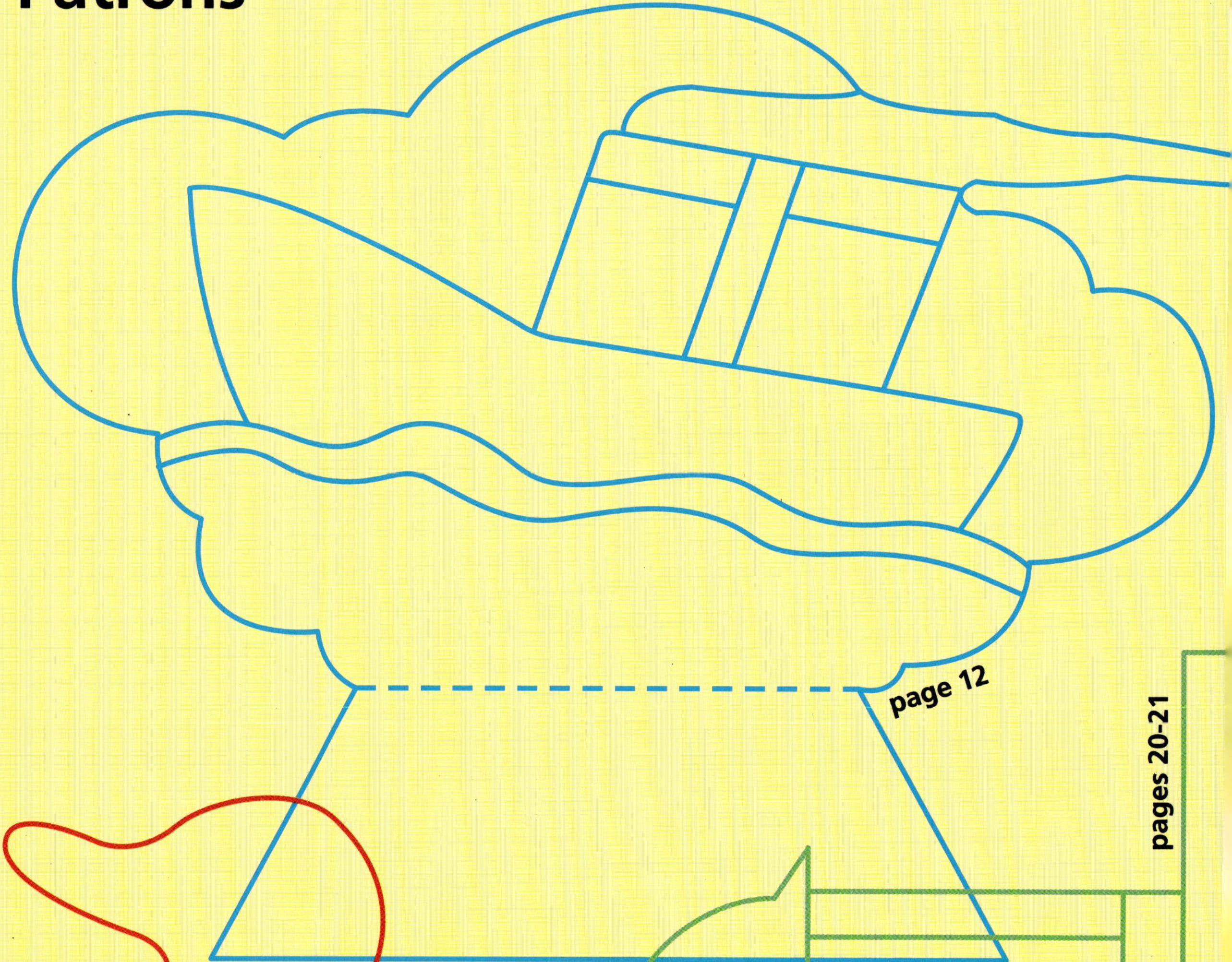

page 12

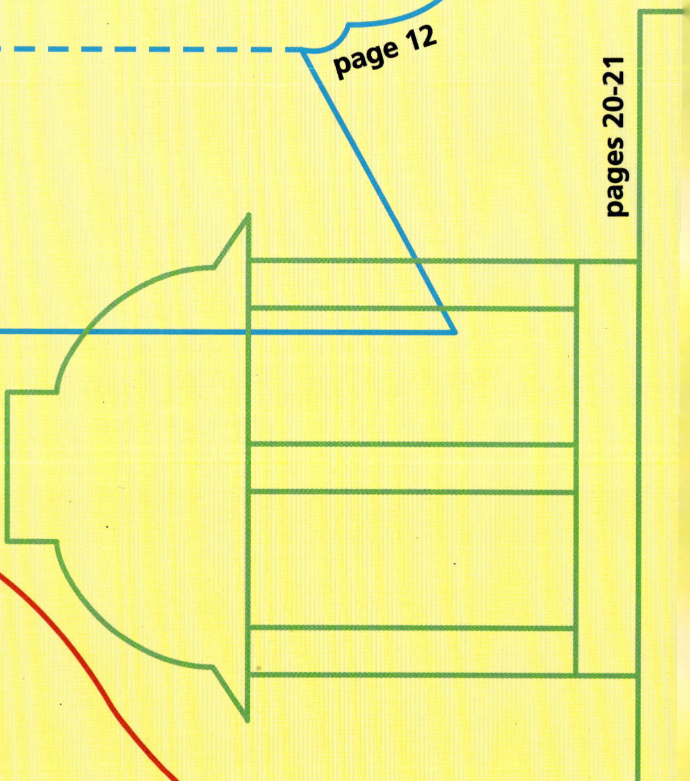

pages 20-21

pages 36-37

pages 66-67

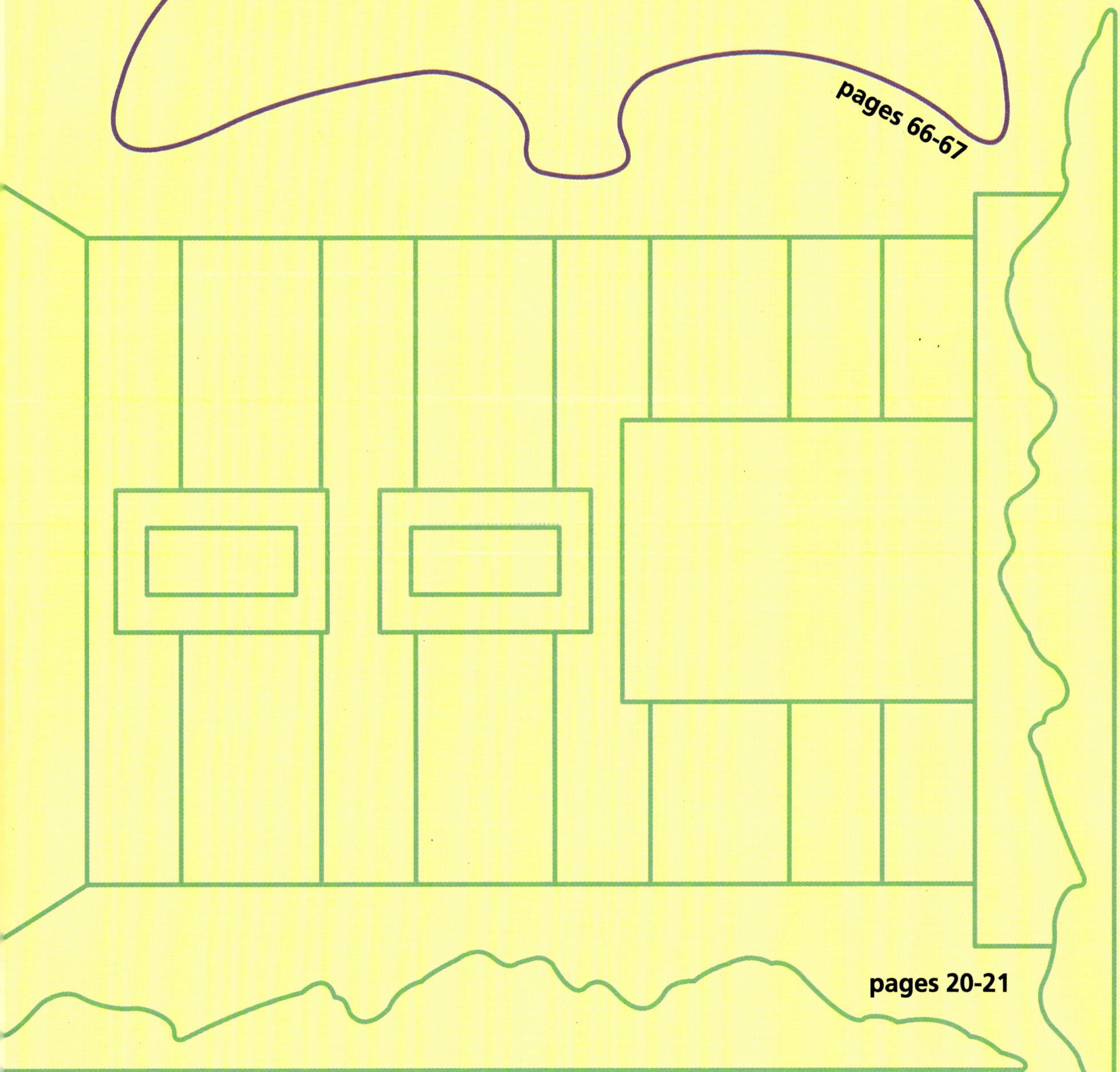

pages 20-21

pages 36-37

pages 58-59

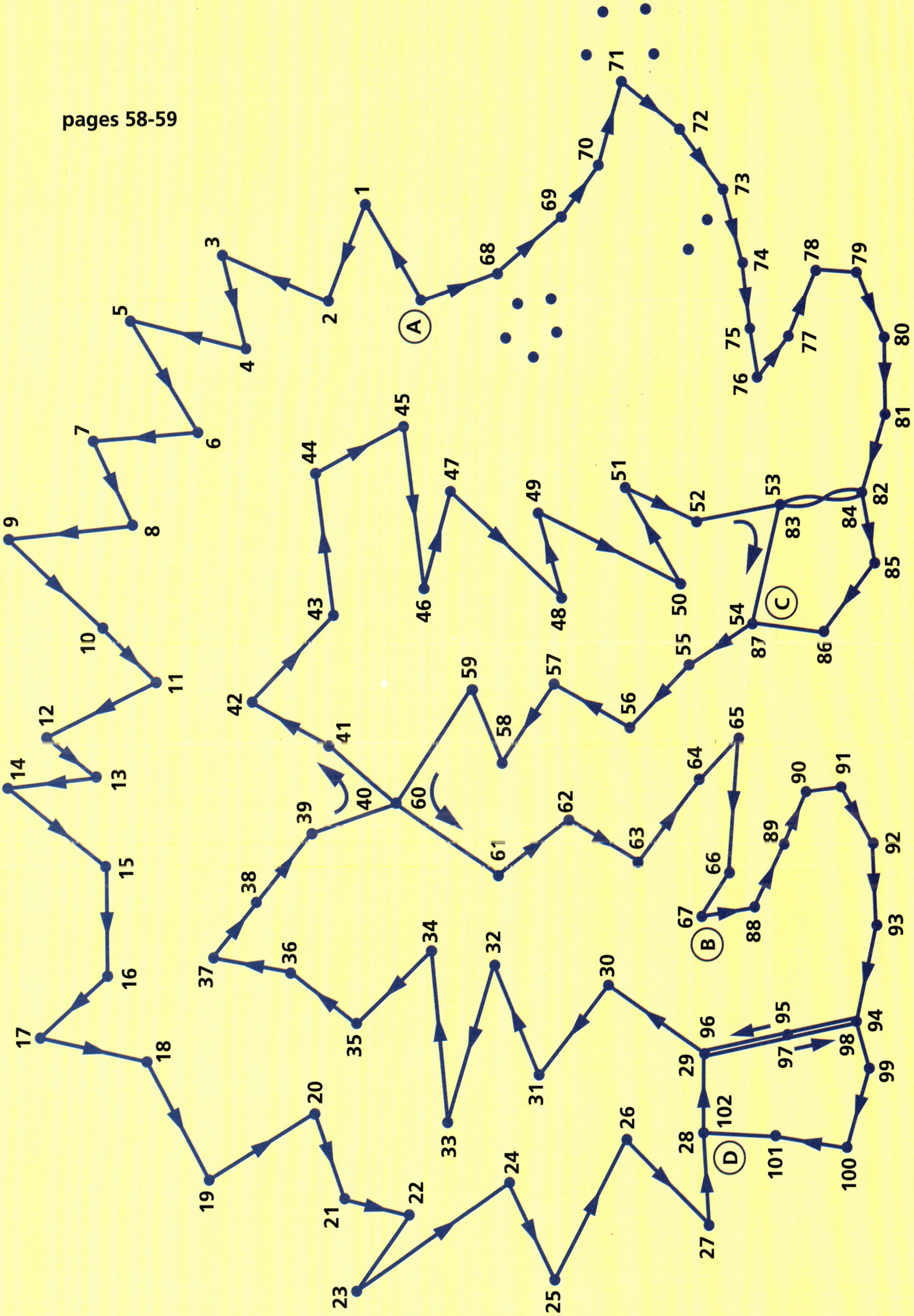

pages 60-61

pages 62-63
pages 62-63
À agrandir
2 fois
pages 60-61
pages 86-87

pages 78-79

pages 68-69

Pour les cache -œufs pages 78-79, le visage et le dos de la tête sont représentés sur le même patron. La ligne en pointillés indique le bas des cheveux.

pages 78-79

pages 78-79

pages 70-71 et
pages 76-77

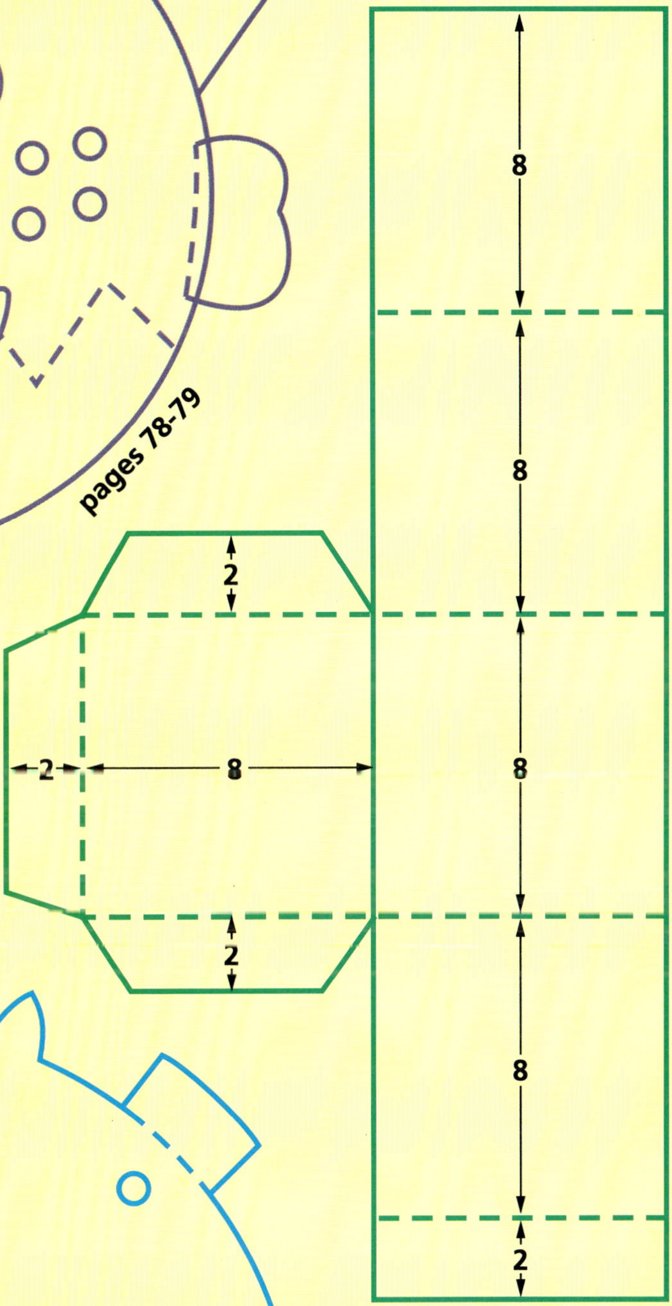

À agrandir 2 fois
Les mesures
sont données
en centimètres.

pages 68-69

pages 70-71 et pages 158-159

pages 84-85

pages : 66-67, 92-93, 204-205, 210-211

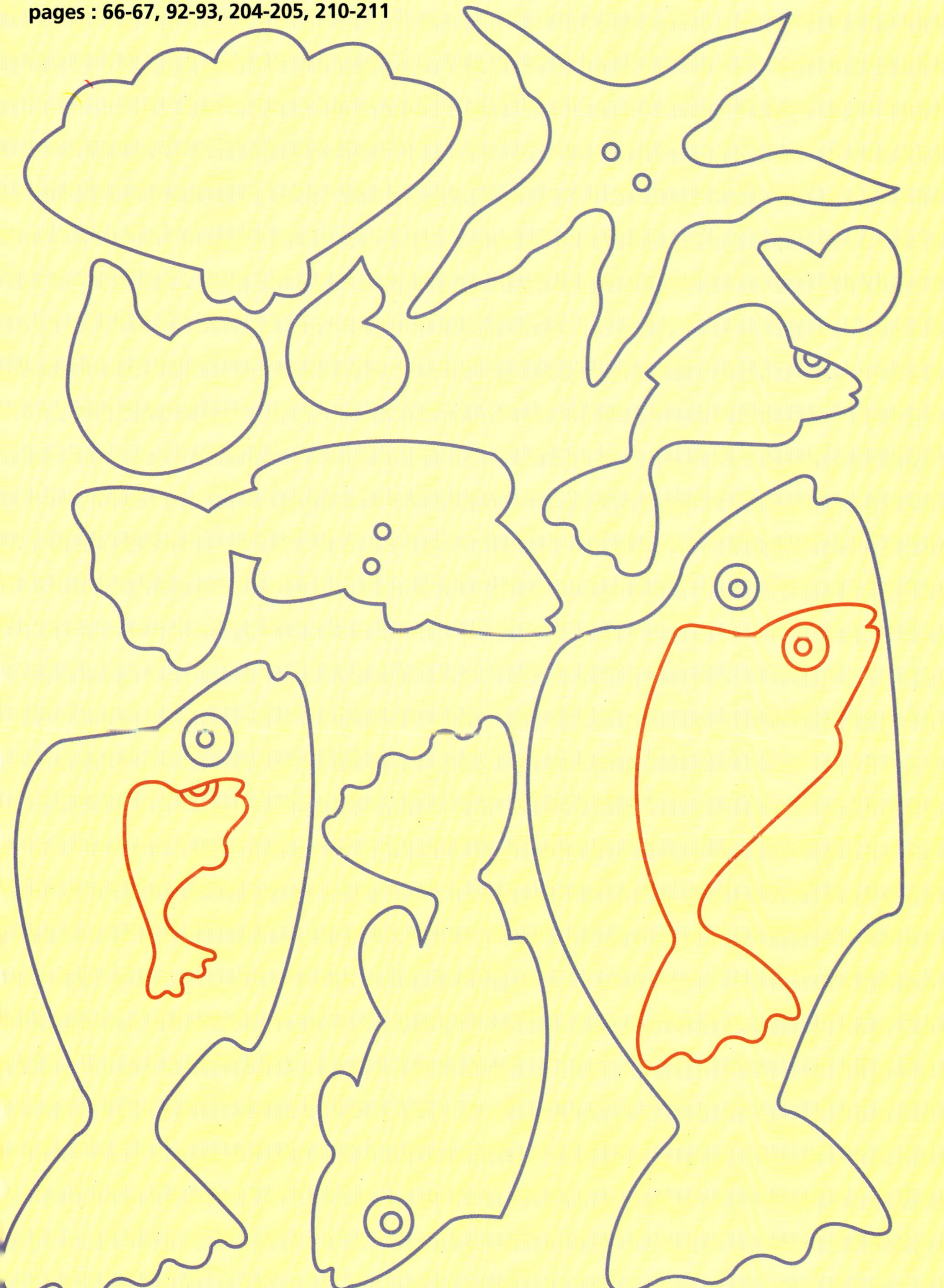

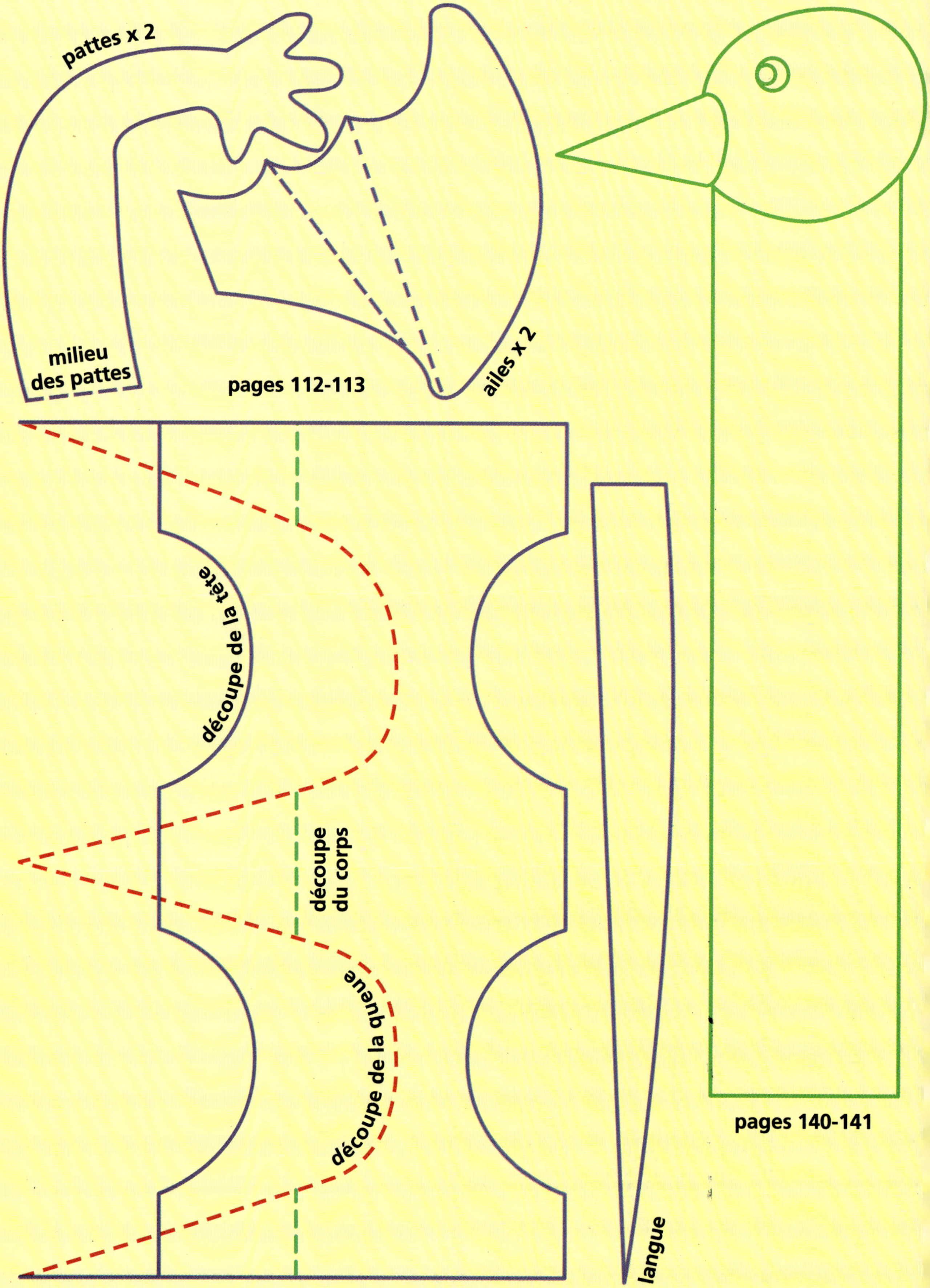
pattes x 2
milieu
des pattes
ailes x 2
pages 112-113
découpe de la tête
découpe
du corps
découpe de la queue
langue
pages 140-141

pages 140-141

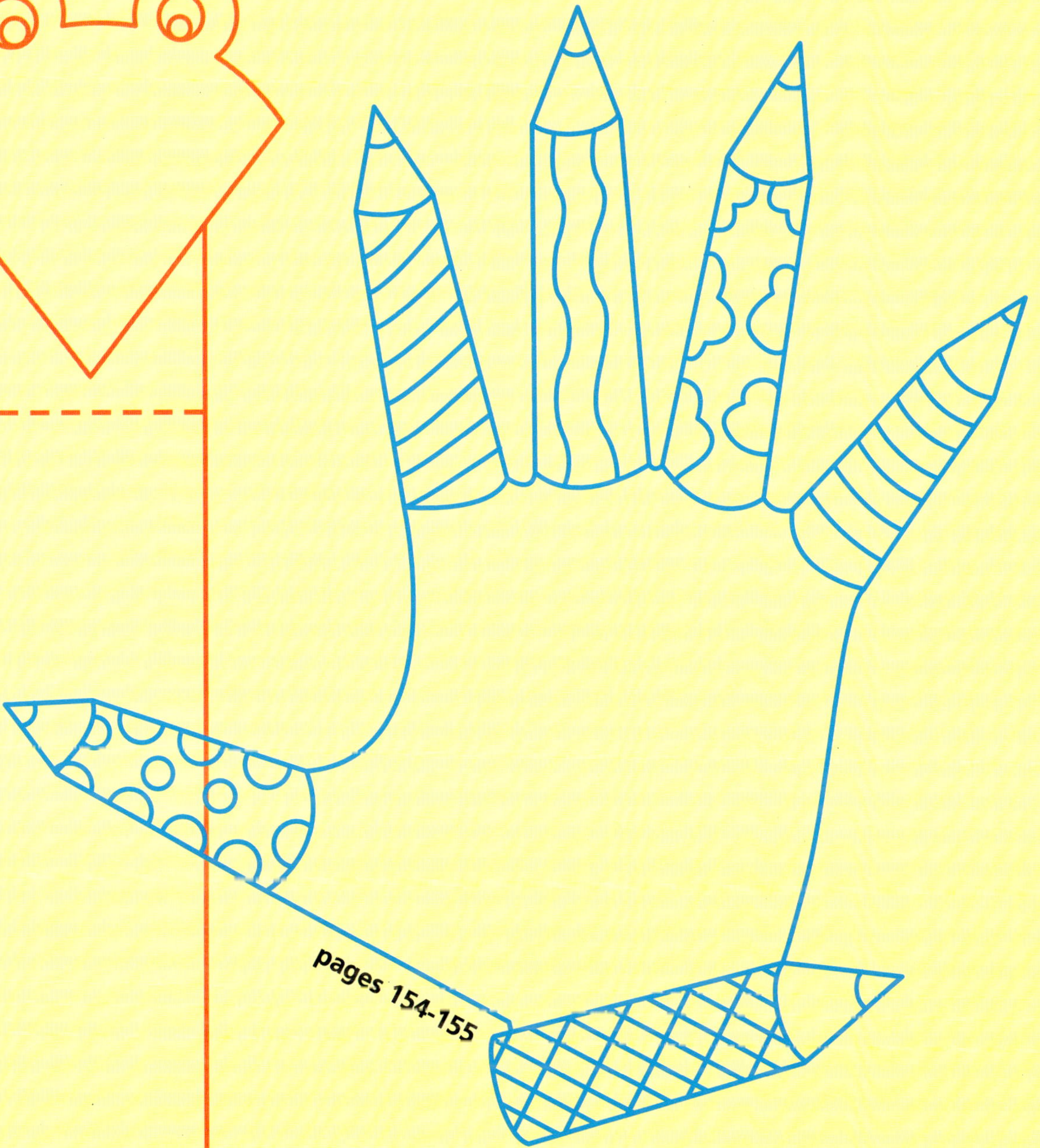

pages 154-155

pages 132-133

pages 170-171
pages 156-157
placement du cône
pages 154-155

milieu du masque
pages 154-155
pages 170-171

pages 172-173
pages 166-167
milieu du lapin

pages 172-173

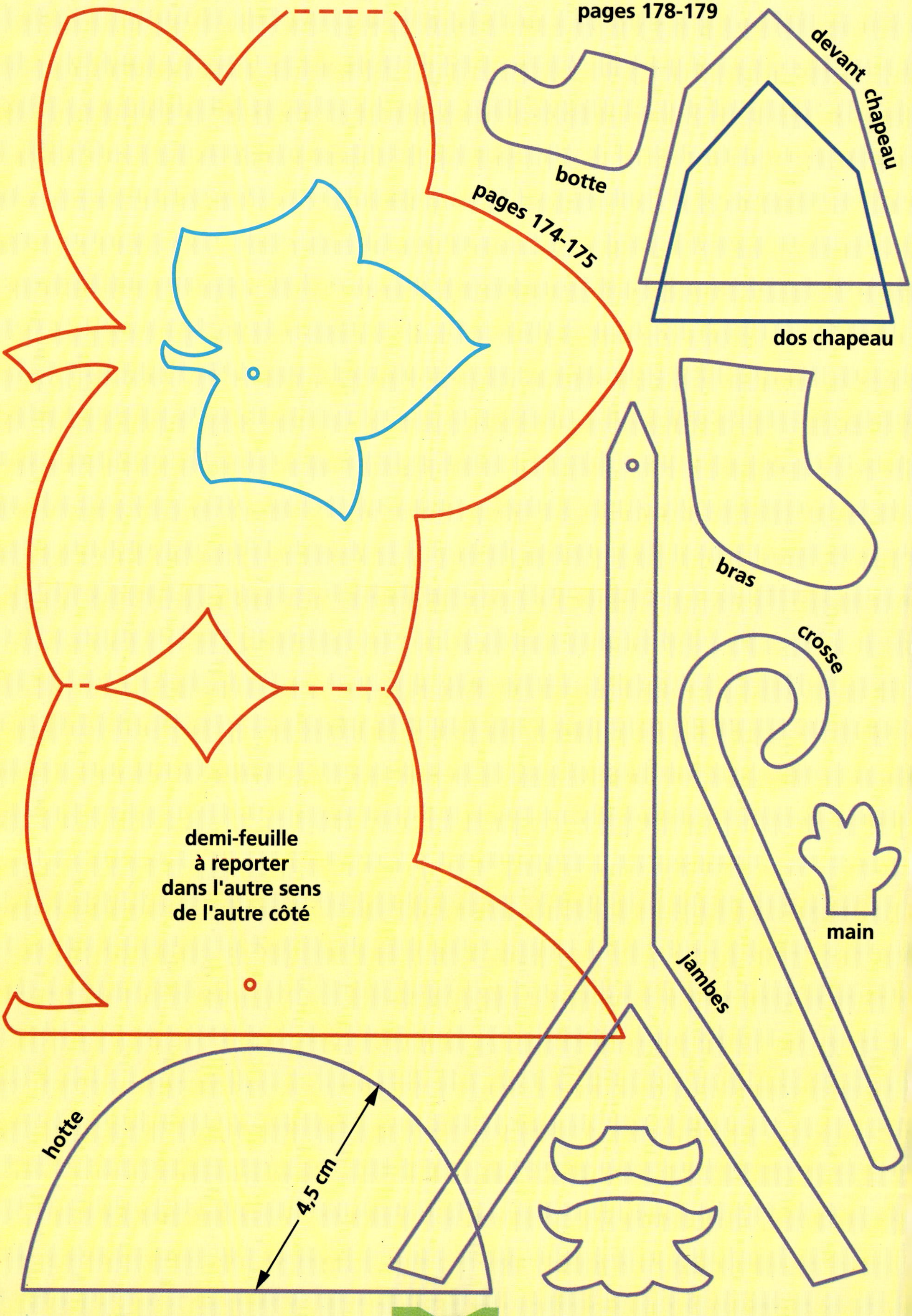
pages 178-179
botte
devant chapeau
dos chapeau
pages 174-175
bras
crosse
main
jambes
demi-feuille
à reporter
dans l'autre sens
de l'autre côté
hotte
4,5 cm

pages 200-201

pages 140-141

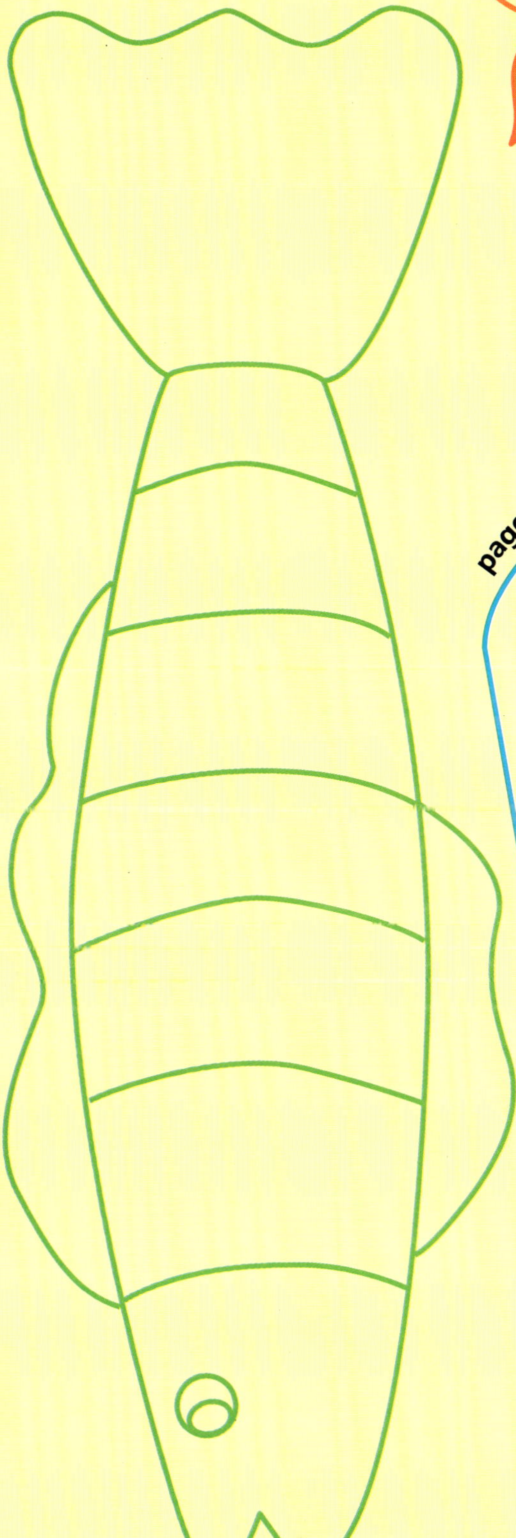

pages 202-203

pages 206-207

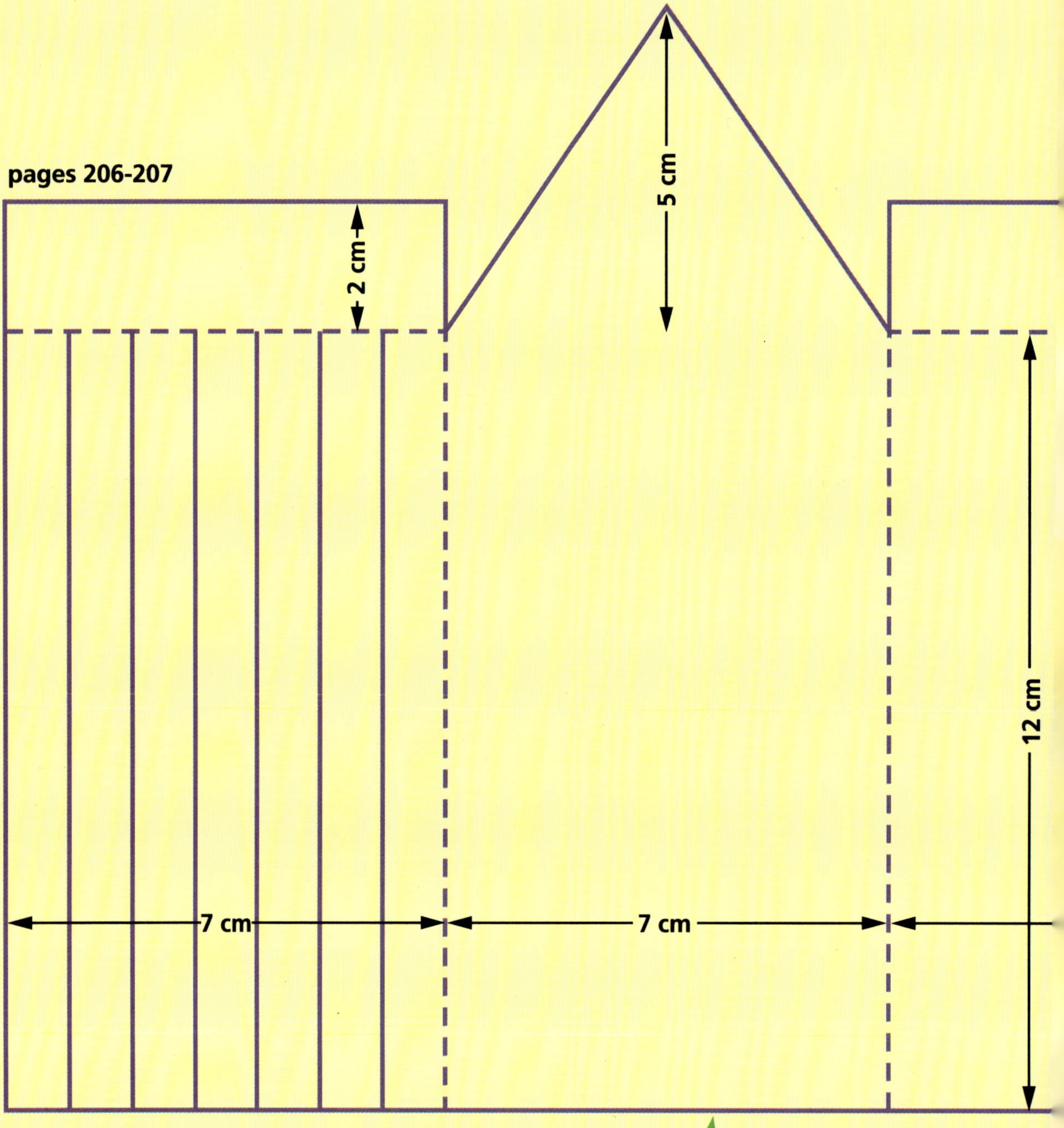

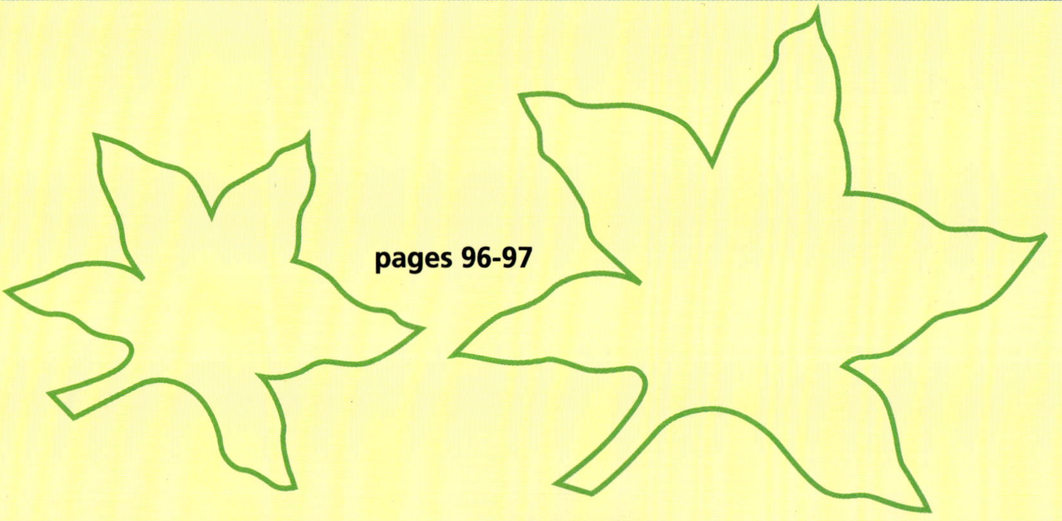

pages 96-97

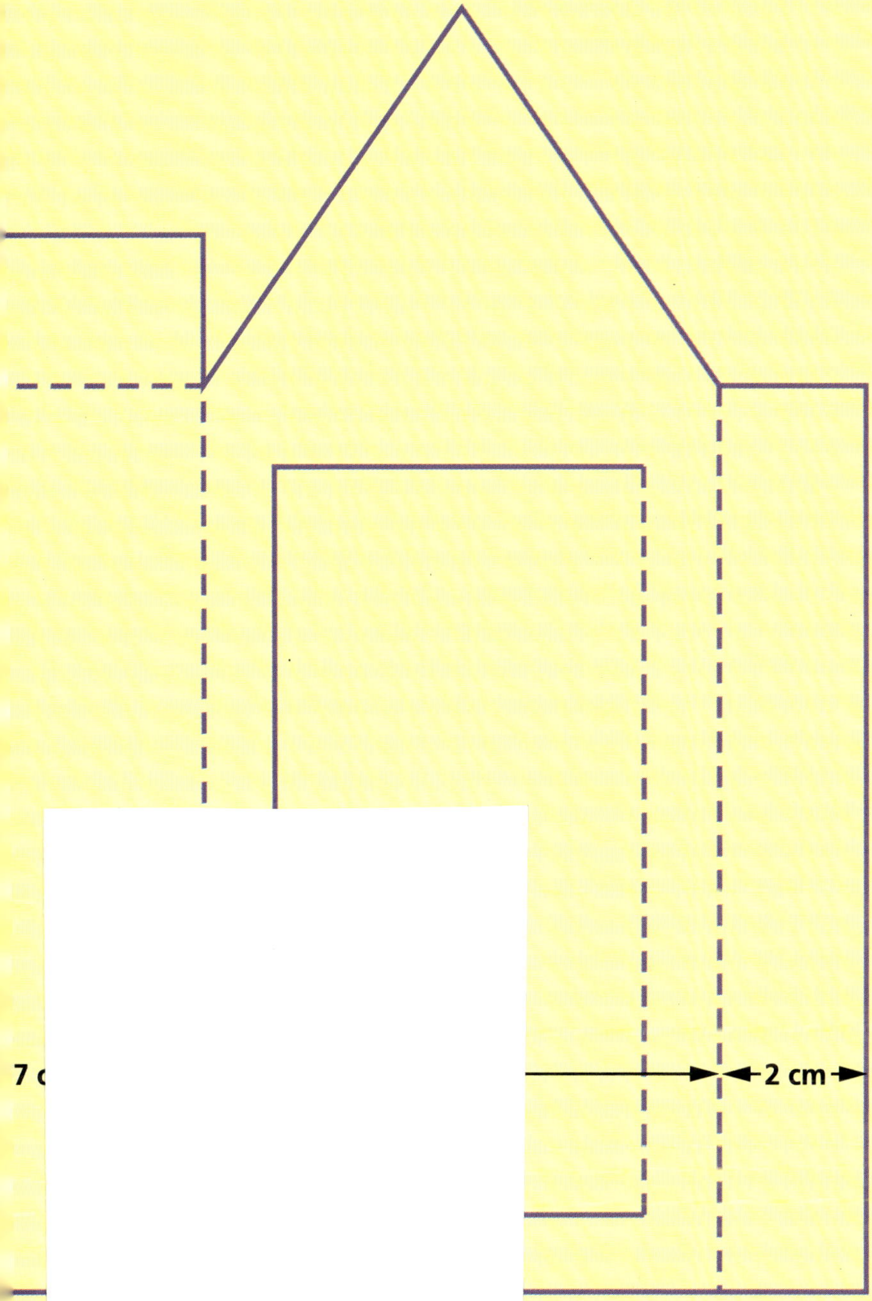

pages 214-215

pages 228-229

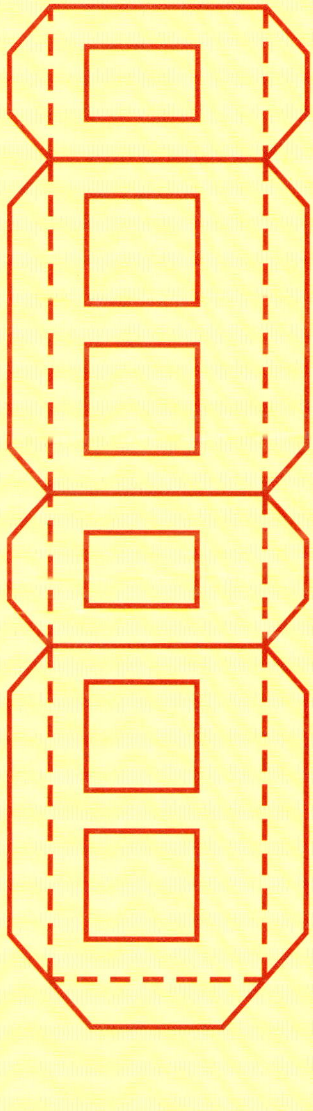

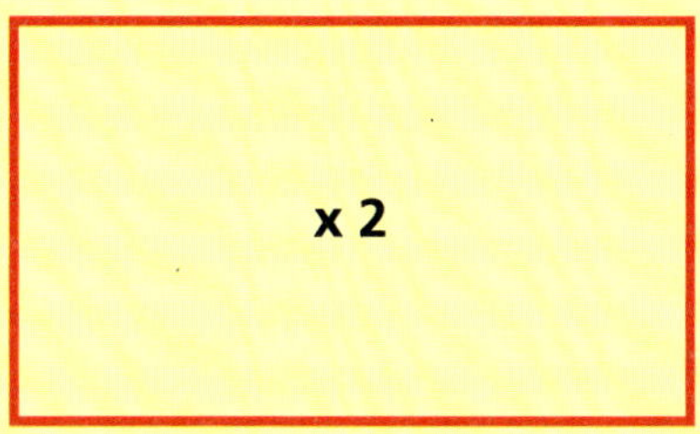

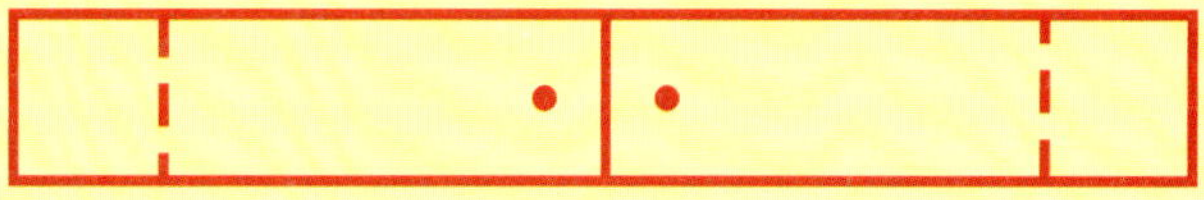

Ont participé à cet ouvrage :

Réalisations :

Nathalie Auzeméry
pages 13, 24-25, 40-41, 46-47, 64-65, 80-81, 116-117, 118-119, 136-137, 168-169, 182-183, 186-187, 188-189, 232-233.

Maïté Balart
pages 48-49, 74-75, 94-95, 102-103, 170-171, 184-185, 196-197, 208-209, 216-217, 224-225.

Denis Cauquetoux
pages 104-105, 106-107, 112-113, 122-123, 126-127, 132-133, 178-179, 194-195, 228-229.

Marie Chevalier
pages 16-17, 28-29, 30-31, 42-43, 50-51, 90-91, 149, 153, 160-161, 164-165, 176-177, 180-181, 192-193, 226-227.

Muriel Damasio
pages 82-83, 108-109, 120-121, 124-125, 166-167.

Vanessa Lebailly
pages 38-39, 44-45, 58-59, 84-85, 100-101, 110-111, 114-115, 130-131, 172-173, 230-231.

Fanny Mangematin
pages 12, 20-21, 62-63, 66-67, 70-71, 76-77, 86-87, 92-93, 96-97, 138-139, 140-141, 150-151, 152, 154-155, 156-157, 158-159, 174-175, 200-201, 202-203, 204-205, 206-207, 210-211, 214-215.

Céline Markovic
pages 14-15, 72-73, 218-219.

Natacha Seret
pages 18-19, 22-23, 26-27, 32-33, 34-35, 36-37, 54-55, 56-57, 60-61, 68-69, 78-79, 88-89, 128-129, 142-143, 144-145, 146-147, 148, 162-163, 198-199, 212-213, 220-221, 222-223.

Illustrations en infographie :

Laurent Blondel, Sandrine Beauvais, Yannick Garbin
pages 5, 6-7, 8-9, 36-37, 38-39, 40-41, 42-43, 44-45, 46-47, 48-49, 50-51, 54-55, 56-57, 58-59, 60-61, 62-63, 64-65, 66-67, 68-69, 116-117, 118-119, 120-121, 122-123, 124-125, 126-127, 128-129, 130-131, 132-133, 172-173, 174-175, 176-177, 178-179, 180-181, 182-183, 184-185, 186-187, 188-189, 220-221, 222-223, 224-225, 226-227, 228-229, 230-231, 232-233, 236-237, 238-239, 240-241, 242-243, 244-245, 246-247, 248-249, 250-251, 252-253, 254-255.

Duo Design
pages 136-137, 138-139, 140-141, 142-143, 144-145, 146-147, 148-149, 150-151, 152-153.

Gilles Poing
pages 22-23, 24-25, 26-27, 28-29, 30-31, 32-33, 34-35, 82-83, 84-85, 86-87, 88-89, 90-91, 92-93, 94-95, 96-97, 154-155, 156-157, 158-159, 160-161, 162-163, 164-165, 166-167, 168-169, 170-171, 192-193, 194-195, 196-197, 198-199, 200-201, 202-203, 204-205 et conception des pictogrammes.

Léonie Schlosser
pages 8-9, 12-13, 14-15, 16-17, 18-19, 20-21, 70-71, 72-73, 74-75, 76-77, 78-79, 80-81, 100-101, 102-103, 104-105, 106-107, 108-109, 110-111, 112-113, 114-115, 206-207, 208-209, 210-211, 212-213, 214-215, 216-217, 218-219.

Photographies :
Dominique Santrot

Conception graphique :
Isabelle Bochot

Couverture :
Catherine Foucard

Contribution rédactionnelle :
Catherine Talamoni

Direction éditoriale :
Christophe Savouré

Direction artistique :
Danielle Capellazzi

Édition :
Clotilde Cacheux

Stagiaires :
Servane Bayle, Robert von Radetzky, Sandra Schilders

Fabrication :
Catherine Maestrati, Aurélie Buridans

Page 104 : jouets Playmobil

Merci aux magasins Loisirs et créations : 01 41 80 64 00.

Loi n° 49-956 du 16 juillet 1949 sur les publications destinées à la jeunesse

Édition du Club France Loisirs, Paris
avec l'autorisation des Éditions Fleurus
Dépôt légal : août 1999
ISBN : 2-7441-2696-9
N° Éditeur : 31262

Photogravure :
IGS Charente Photogravure
Imprimé en CEE par Partenaires